This Book Offers Free Bonus Puzzles

Available Here:

BestActivityBooks.com/WSBONUS20

5 TIPS TO START!

1) HOW TO SOLVE

The Puzzles are in a Classic Format:

- Words are hidden without breaks (no spaces, dashes, ...)
- Orientation: Forward & Backward, Up & Down or in Diagonal (can be in both directions)
- Words can overlap or cross each other

2) LEVEL UP THE GAME!

A space is provided next to each word to write new ones, translations or notes. We also offer a convenient **NOTEBOOK** at the end of this edition. It can help you organize your annotations, new words and/or observations.

3) TAG YOUR WORDS

Have you tried using a tag system? For example, you could mark the words which have been difficult to find with a cross, the ones you loved with a star, new words with a triangle, rare words with a diamond and so on...

4) EASY TO CUT!

The Puzzles come with an Extra Large margin to easily cut the page out of the book. Some people may feel it more convenient to solve them this way.

5) FINISHED?

Go to the bonus section: **MONSTER CHALLENGE** to find a free game offered at the end of this edition!

Want **more fun** and activities to **relax? It's Fast and Simple!**
An entire Game Book Collection **just one click away!**

Find your next challenge at:

BestActivityBooks.com/MyNextWordSearch

Ready, Set... Go!

Did you know there are around 7,000 different languages in the world? Words are precious.

We love languages and have been working hard to make the highest quality books for you. Our ingredients?

One part easy-to-read print, three parts entertainment, then we add some challenging words and a pinch of rare ones. We brew them with care to serve you lots of fun and an opportunity to solve the best puzzles.

Your feedback is essential. You can be an active participant in the success of this book by leaving us a review. Tell us what you liked most in this edition!

Here is a short link which will take you to your Amazon orders review page.

BestBooksActivity.com/Review50

Thanks for your fidelity and enjoy the Game!

Delta Classics Team

Puzzle 1

```
Y  L  U  T  O  I  M  P  O  N  E  R  E  O  Q
D  U  E  A  G  V  S  M  U  K  K  E  R  E  V
S  Y  L  L  O  H  E  J  S  Å  F  D  C  D  C
P  C  G  E  S  A  T  R  R  G  B  Æ  Q  I  S
H  E  N  S  I  G  T  H  B  C  X  K  P  R  G
V  Z  A  M  I  P  U  J  R  E  W  Å  S  B  R
T  G  G  T  T  N  P  O  P  N  V  P  Æ  N  T
O  F  W  I  D  W  N  F  J  I  I  I  D  O  A
H  V  O  R  O  V  I  S  R  K  J  D  S  V  F
N  G  E  O  G  I  G  K  I  S  J  T  I  T  S
O  D  G  K  N  K  E  P  P  A  N  S  P  O  N
E  Y  T  Z  R  L  C  N  F  M  O  J  Q  Q  I
K  O  N  S  T  R  U  K  T  I  O  N  D  E  T
S  T  R  A  T  E  G  I  B  N  Z  M  O  G  D
```

HVOR	RIDE
KÆDE	OPSNAPPE
ÅRHUNDREDE	GODT
MASKINE	SMUKKERE
KONSTRUKTION	HOLLY
TALE	HENSIGT
GANG	IMPONERE
PÅVIRKE	OVERBEVIST
INPUT	AFSNIT
PÆNT	STRATEGI

Puzzle 2

```
N  S  S  J  Æ  L  D  E  N  T  W  C  Y  B  O
Ø  A  L  T  I  D  L  I  G  E  R  E  L  G  S
J  N  M  A  E  S  A  D  U  D  J  J  H  W  I
A  S  E  C  N  D  P  J  V  S  K  K  E  T  G
G  P  D  G  U  G  O  P  H  Ø  R  E  G  R  T
T  Æ  R  L  O  Y  E  V  M  R  F  R  A  A  K
I  N  K  N  K  E  I  U  T  N  R  E  T  N  I
G  D  D  S  L  R  L  G  K  R  F  G  D  S  C
Y  T  H  I  X  A  I  G  I  B  U  L  O  P  A
Z  G  V  O  U  P  M  E  I  N  H  Æ  M  O  G
Q  I  D  I  A  S  A  V  P  U  O  S  M  R  K
C  Q  Z  P  D  D  F  S  U  L  T  E  N  T  T
L  K  G  W  L  N  O  M  K  R  I  N  G  C  B
S  A  M  A  R  B  E  J  D  E  L  Q  P  R  Y
```

TIDLIGERE	SAMARBEJDE
CIVILE	VUGGE
SJÆLDENT	ANSPÆNDT
SULTEN	FAMILIE
SLANGE	MODTAGE
NØJAGTIG	SÆLGER
KLUD	TRANSPORT
OMKRING	SIGT
FRA	OPHØRE
INTERN	SPARE

Puzzle 3

```
V M A D U R E D L I V A S J K
E P U Q C Å E N R E J F H N E
D H R S S H V S U R P L O F B
H E H R I S R N U T S G W K O
Æ L R E K K U L N L C Y K E L
F D E S Z E K E V K T B O S V
T I N D K C L B J N C A K L P
E G T Q K Q C B P D G N T E H
P V R C P Q U A Å E W X Q V X
J I A S E T I K G D Q F U E I
V S P Y W P J S A R P V V L X
D I N G L E C B W E P B P P W
T Z S N T I O D T J P T C O I
F A R V E L Z F V F U U E K Y
```

PARTNER	HÅR
FJERDE	RESULTAT
FJERNE	CYKEL
VEDHÆFTE	KURVE
ILDER	SET
OPLEVELSE	TRE
DINGLE	SHOW
FARVEL	LUKKER
BÅD	SKAB
HELDIGVIS	MUSIK

Puzzle 4

```
M U T P G V M I I O S F O G B
V T E M N Y D L T P K L M I I
Q V S K I J L L E D U O H K N
P W Q S S S A V R A E D Y G D
J O W S T S L K E G S H G T F
N N L J R X J R V E P E G E Ø
I O B I E H E E L L I S E X D
P K V T L S M O S L T L D T
R Ø G R G I G M V E L L I P E
F S A N C A Y O N G E A G C W
C Q A B Y E C D I A R R I T L
Z M E N E R G I K D T E O Æ L
F O R S V A R E M E D V J T C
D I R E K T Ø R O H F O X Y S
```

DIREKTØR
INDFØDTE
INVOLVERET
OMHYGGELIG
GADE
POLITI
SKUESPILLER
ENERGI
GIK
GNISTRE

OVERALT
FORSVARE
DOMMER
FLODHEST
SALT
RØG
SEJL
TÆT
MANGLER
OPDAGELSE

Puzzle 5

```
B O L C A G X J E G I L M K O
Y U K D N E V S E G L Ø F O P
G K D P I D L E P M E T S M R
N H Z J D E H G I T G Y D P E
I V S D D H E R M E L I N L T
N G N I L L I T S M E R F E H
G X L L P A G I G R Ø S T T O
I M S S T A J L R O S B K A L
K A B I N E S E Æ F S H Z G D
R L V S S R Y T S E K U Y B E
S I K B A A P B I R Y R L N C
T E E N K E L T O N O D A A C
F R I G I V E L S E A J A D L
A E A I X A A F C O J K K A L
```

REFORM
FRIGIVELSE
BYGNING
ENKELT
PASTINAK
KABINE
FØLGESVEND
OPRETHOLDE
GANSKE
HERMELIN

DYGTIGHED
GRÆS
LIDELSE
LIGE
ØST
SKY
STEMPEL
KOMPLET
SLID
FREMSTILLING

Puzzle 6

```
A K S L A F S C I K F G N M W
E Z J N E R T K B E Ø H H E V
N M X K D E M B D N D H E D I
Y J S N I M R J H D D H N L E
C A X Z L S L Æ D E E R G E S
M U E E S K B S V R R E I M P
R E K K Æ R T E R O F J V S C
S O K A Y I N Æ S T E N E E J
L E S L E D L O H N A A N Z A
U N W W M T G E N E R T H Z K
G L E M T E W L U K E S E X A
B L U E B E L L M R W A D R E
S M E R T E L I G T K K V K Q
D F A R V E B L Y A N T E R D
```

BLUEBELL
VÆRE
OKAY
GLEMTE
FALSK
FORETRÆKKER
SLIDE
FARVEBLYANTER
KASTANJER
GENERT

FREMSKRIDT
NÆSTE
CENTER
SMERTELIGT
FØDDER
MEDLEMS
ANHOLDELSE
MASKE
HENGIVENHED
KENDER

Puzzle 7

```
W  D  E  B  L  M  F  O  R  D  Ø  J  E  B  V
Y  D  E  R  L  I  G  E  R  E  H  T  T  E  Z
X  Q  K  S  E  S  N  D  D  K  F  A  X  V  S
G  F  S  U  L  O  R  Æ  O  E  S  K  U  Æ  K
T  O  Å  R  I  L  P  R  A  N  I  Y  I  G  I
E  R  M  M  V  R  S  G  A  D  W  G  V  E  L
S  K  H  U  L  I  S  D  E  D  V  A  H  L  D
L  L  X  O  P  G  N  N  Y  U  P  I  S  S  P
E  A  K  V  C  A  T  J  T  B  B  D  T  E  A
R  R  K  L  V  I  Q  X  A  Ø  R  C  A  P  D
R  E  K  A  S  A  N  D  S  L  O  T  D  J  D
Ø  X  D  K  R  E  T  T  E  R  S  K  I  R  E
T  Æ  G  T  E  S  K  A  B  R  K  G  O  Y
S  U  N  D  S  K  Y  L  D  N  I  N  G  C  O
```

ÆGTESKAB	STØRRELSE
SODAVAND	ANSAT
SKILDPADDE	LØB
STADIG	GRÆDE
HAVDE	SANDSLOT
FORKLARE	MÅSKE
IDENTISK	YDERLIGERE
BEVÆGELSE	UNDSKYLDNING
HUL	FORDØJE
SOLRIG	RETTER

Puzzle 8

```
K I P H E G I S D U R O F L T
B R T Q I A B V E M I T Y E T
T L O L V T G V D V U T G K S
D E L K T L A G N C R T S T D
A I R T O E J B E R Æ K T I D
B P E M A D E F G K L O G O K
E E T E I Z I E G K B V I N B
S R S T M S J L Æ P B O L J E
U S N S T I K O L F C D D B S
R I Ø E G O Q Y D E X H I I T
B L M B F B I B N N S U T V E
S L H P G R K T U Y U J D Z M
R E S L E G Ø S R E D N U S M
T X K P A G N A G D N I I U E
```

FLOK
MØNSTER
BESTEMT
DELTAG
KÆRE
TIDLIGT
GRUNDLÆGGENDE
KLOG
TERMISK
TIME

KROKODILLE
FORUDSIGE
BESTEMME
PERSILLE
KOG
LEKTION
BRUSEBAD
INDGANG
UNDERSØGELSER
BILLIG

Puzzle 9

```
C C O N E D S T I G N I N G M
C L V S K U L D E R Y T D N O
H T E D E R E B R O F E R I D
A N R K G D C H O K H N T L S
M V F U X W J H L G N P O Å A
P I L T N P G H I M L R L M T
I C A F Ø D T L X U L Y E X T
G P D H O M R U Z E B P R G E
N M E M U Æ M U D F W M E X A
O W S D K V L J O W R A R M H
N L A S T B I L G B L V E N L
R Q G N I J E V R E S E R O I
H N W H T C L O R D E N L D G
B R U G T P G A D R E S S E E
```

SKULDER
MODSATTE
FØDT
NEDSTIGNING
KÆRLIGHED
LASTBIL
MÅLING
AGERN
OVERFLADE
RESERVE

BRO
ORDEN
ELG
ADRESSE
BRUGT
CHOK
CHAMPIGNON
TOLERERE
FORBEREDE
VAMPYR

Puzzle 10

```
O O Z H K R S R G K M S H M K
E M E L B O R P D T U E V J C
J N H D A N O W H K S N O P P
Ø M G Y R U J R L O K D R N E
F I I A G O Z A M Q A T V R R
L S L J G G V X Y H T J I K I
I S F W J E E Z Z Y N K D U O
T I Ø X R D M L Q V Ø O T N D
L O H C M Y F E I V D R F D E
A N D J O N Q C N G D T Ø E H
D H V O R F O R H T T T R I T
E S I K K E R H E D X D G S F
N P S D N E M Z F U A N Q Y Q
T O B H T W C B B G T Q Z P O
```

OMHYGGELIGT	LADEN
TILFØJE	PERIODE
SENDT	KUNDE
PROBLEM	MISSION
SIKKERHED	NYDE
HVORFOR	ZOO
KORT	KLAVER
MUSKATNØD	GRØFT
HVORVIDT	JURY
HØFLIG	ENGAGEMENT

Puzzle 11

```
D  I  V  I  S  I  O  N  T  Y  E  K  C  O  H
A  U  K  L  C  F  Y  R  E  L  G  B  N  Z  V
L  P  G  N  T  L  D  V  B  P  N  M  K  C  K
T  L  A  T  L  F  N  A  R  F  A  I  V  Y  R
A  D  B  R  U  N  T  R  X  G  M  G  I  W  I
N  S  U  L  X  R  S  N  E  B  O  L  D  M  S
I  Q  E  K  O  O  P  M  Æ  R  K  S  O  M  E
J  X  A  F  K  B  R  U  G  M  W  S  L  G  S
N  T  M  B  T  E  F  F  U  K  S  Y  C  Q  F
I  O  P  E  R  S  O  N  A  L  E  N  O  G  T
K  F  U  G  O  H  Y  I  A  E  X  E  T  R  Y
S  M  C  D  U  X  B  I  N  F  J  S  X  O  G
D  D  E  S  L  E  G  G  Æ  L  E  D  Ø  F  D
R  E  S  D  I  P  S  T  N  A  Y  L  B  S  Q
```

BLYANTSPIDSER
DIVISION
KOMFORTABLE
FYRE
TALT
KRISE
SYNES
ØDELÆGGELSE
BRUN
BRUG

SKUFFET
HOCKEY
PERSONALE
OPMÆRKSOM
MED
SNEBOLD
ALTAN
SKI
MANGE
DUKKE

Puzzle 12

```
Z  C  N  W  H  A  N  X  G  C  E  M  M  A  S
Y  W  F  U  L  D  K  N  P  D  N  A  T  Y  E
V  L  Ø  V  E  P  I  T  A  J  X  A  U  F  D
P  E  B  E  R  N  F  L  I  F  A  R  C  Y  N
B  T  F  E  G  I  L  N  A  V  D  Æ  S  K  E
U  Æ  L  Ø  D  Y  A  O  A  R  I  P  A  P  H
K  L  S  U  G  K  I  T  N  A  K  T  U  Z  E
S  L  B  F  W  X  C  Q  Y  O  K  F  E  W  A
E  E  B  C  L  D  O  V  A  R  S  E  L  T  L
R  Q  I  Y  W  B  S  A  D  V  A  R  S  E  L
K  A  N  A  R  I  E  F  U  G  L  W  D  K  D
L  U  N  D  E  F  U  G  L  E  P  I  C  D  Q
E  E  V  K  H  S  D  X  O  G  N  N  Z  N  K
C  W  D  W  J  P  B  V  D  C  F  C  L  U  B
```

PAPIR	LUNDEFUGLE
FULD	BUKSER
TAND	PEBER
SAMME	SÆDVANLIGE
HENDES	ANTIK
VARSEL	LØVE
FAR	KANARIEFUGL
LADE	TÆLLE
AKTIVITET	SOCIAL
ADVARSEL	SØGNING

Puzzle 13

```
L  Æ  E  R  E  R  R  S  Y  Z  V  T  B  I  N  P
C  E  A  G  E  E  E  A  Z  N  F  M  L  K  J
M  W  L  L  C  K  R  M  E  P  O  L  H  U  M
Y  F  L  Y  N  K  I  M  B  N  A  D  E  F  H
N  E  D  N  A  U  E  O  O  C  L  O  Y  W  B
H  K  L  Z  H  D  X  K  R  A  V  N  K  R  E
Z  B  U  R  C  I  Ø  K  V  A  R  T  A  L  D
H  U  R  T  I  G  O  S  Æ  T  Z  G  U  A  R
F  I  N  O  Z  I  O  P  R  J  D  U  A  F  I
C  Z  D  V  T  L  Y  W  I  X  Y  B  N  G  F
Y  O  B  Q  M  R  Æ  K  S  O  W  D  S  J  T
N  X  O  Q  N  A  I  J  E  Z  Y  B  E  O  N
M  Z  J  N  H  F  W  X  H  V  F  D  T  R  U
Z  Q  U  V  L  E  B  U  R  S  Z  R  W  T  B
```

FARLIG	LÆRE
ØKONOMI	MEN
DUKKER	SKÆRM
SERIE	AFGJORT
RAVN	HELLER
BEDRIFT	CHANCE
BUGT	ULD
UANSET	RÆV
ANDEN	HURTIG
BUR	KVARTAL

Puzzle 14

```
P E U P X A U U Q P G J F K D
R O P E I L O T Q I I N G O Q
O W R N A I N F L V L N B M S
D F H C G J I E J L U T D M A
U G L A Y V K M T E G R Å E N
K F A S A K P S R T N Q L N D
T R T E Y B M E J H Æ D G T H
I V C R P C P H M V H S E A E
O B T N Ø M N T O I I T N R D
N D M Y S T E R I U M V S A A
U H W R K U M M F P L Æ E H D
R O Q Z A T V E X J M R D L D
U T G W S M Q L D W H S Ø T Q
T A N D B Ø R S T E R R M P V
```

SNEGL
OLIE
KOMMENTAR
PENCASE
FJENDE
MYSTERIUM
MØNT
MØDES
GRÅ
HAR

HOT
ANSÆTTE
TVÆRS
UDTRYKKELIG
SANDHED
SAKS
PRODUKTION
ULIG
TANDBØRSTE
HJEMBY

Puzzle 15

```
A  R  B  E  J  D  E  M  F  F  H  J  E  I  D
K  J  S  G  Z  Y  R  J  U  G  J  Q  R  N  E
V  O  K  S  E  D  E  T  G  U  I  Z  E  O  H
I  B  K  Q  E  B  D  I  L  B  X  K  R  R  G
A  X  H  O  Z  O  I  L  X  M  D  S  T  T  I
K  X  E  Q  N  U  S  B  K  O  C  X  A  I  R
T  J  D  A  N  S  X  U  G  D  M  T  L  C  A
N  U  W  D  F  W  T  D  K  O  D  H  K  C  V
I  L  L  A  K  O  L  A  F  J  E  R  N  T  K
F  M  L  I  H  L  B  G  N  I  N  K  Y  D  X
N  Y  S  M  P  D  O  O  G  T  D  H  B  A  P
N  Z  W  K  M  A  D  P  A  T  I  E  N  T  O
O  C  K  S  P  H  N  I  N  D  S  A  T  S  T
N  Æ  R  I  N  G  S  S  T  O  F  F  E  R  V
```

NÆRINGSSTOFFER   TILBUD
VARIGHED   POT
FJERNT   ARBEJDE
FUGL   SIDER
INDSATS   GODKEND
PATIENT   KLATRE
KONSTANT   FINT
CITRON   TULIPAN
DAM   LOKAL
DYKNING   VOKSEDE

Puzzle 16

```
J  N  G  L  E  E  D  A  N  O  M  I  L  I  V
Z  I  O  R  H  M  L  W  X  X  B  E  I  S  H
C  S  U  W  T  K  N  E  A  I  D  B  P  E  S
V  A  N  D  R  E  R  E  M  A  R  R  S  N  Y
Z  G  E  Y  Å  K  H  G  L  E  A  Ø  J  T  V
D  A  S  R  N  F  A  O  Y  P  N  D  J  G  E
A  M  T  J  Y  E  K  L  H  X  G  T  H  N  N
L  Ø  G  N  J  O  N  M  D  G  T  C  Æ  A  D
F  X  Y  X  H  S  L  Æ  D  E  C  N  P  R  E
E  I  R  C  F  A  T  T  I  G  D  O  M  P  A
R  I  F  Q  X  D  F  R  B  J  M  K  M  S  V
G  P  A  U  S  W  O  X  U  C  T  Q  P  T  H
L  E  O  P  A  R  D  Y  K  A  F  A  X  M  C
Q  Z  C  B  S  L  D  Q  V  G  V  E  J  R  G
```

FATTIGDOM	ELEMENTÆR
FRYGT	VANDRER
LEOPARD	MAGASIN
CHOKOLADE	NÅR
SLÆDE	LØGN
VEJR	VIL
SPRANG	SENT
BRØD	SYVENDE
LIMONADE	SPIL
EMNE	FLAD

Puzzle 17

```
T P Y X N X T B W P Y I H A Q
W Z M Q B S L Q C R O Q Y L D
C Z B N O Z A J H O V G Q E J
Ø V E L S E T E G C Z N T N B
J O Y L P A R A P E M F A E I
N M P J H F O Z Y S A J V M N
P W X L K C F M G A V E R Y D
S U Q N B A N Æ S E H O R N U
N K N E K K Ø K U G Q O B X S
B F R K E T A B L E R E E C T
D A G I T M Y B M L P T D Y R
P B C V G H P Z J O T S R D I
H U D Q H R G B V K R A E Z N
V Æ G M A L E R I S Z H U C R
```

PUNKT	PARAPLY
INDUSTRI	HUD
GAVER	VÆGMALERI
KØKKEN	OST
HASTE	ETABLERE
BEDRE	FORTALT
DAG	SKOLE
DYR	SKRIG
ALENE	PROCES
ØVELSE	NÆSEHORN

Puzzle 18

```
H  X  T  B  B  B  E  Z  Z  S  M  F  T  Z  J
A  F  N  I  E  E  T  S  E  G  I  R  R  I  E
M  R  A  L  A  S  J  H  X  A  E  D  E  L  N
M  E  K  L  T  L  Ø  J  T  P  W  G  L  D  N
E  S  E  E  Z  U  K  H  S  F  F  I  L  I  O
R  I  R  T  G  T  S  K  G  T  T  L  Æ  L  L
X  V  T  E  G  N  E  P  Y  S  A  Y  T  O  O
Y  D  R  Ø  D  I  Q  W  E  B  I  Z  R  S  K
M  U  E  E  D  N  U  R  T  G  J  K  O  I  D
J  S  R  L  P  G  O  E  R  O  T  P  F  C  S
U  Q  Y  M  F  F  K  Y  G  X  H  J  J  I  C
N  N  L  A  E  S  L  E  T  R  O  K  R  O  F
X  O  R  G  A  L  A  N  D  S  B  Y  U  B  V
V  Z  Q  B  X  O  C  V  G  K  E  Z  V  X  C
```

BEAT	FORTÆLLER
RIGESTE	TREKANT
UDVISER	EKSPERT
GAMLE	ARM
BASKETBALL	LANDSBY
BESLUTNING	HAMMER
RUNDE	SKØJTE
BILLE	FORKORTELSE
KOLONNE	RØD
FORESTILLE	PENGE

Puzzle 19

```
L B R F D S D V J X B F T A G
P L U B B T U I F R I U R F T
J E R N L E W Y I G D G A S I
M R A V Q A R G B L R L G T L
L I A M Z N L Ø S A A E I A B
O R N B Z N Q W M D G Z S N A
T Y E D L O H C E T E H K D G
E S S E R P X S M V E P A R E
U D J I V E H L M Q B D C L V
R Z E C T P T K E J B O J Q E
I F P Q Y E F A U J C M P B N
Q E E T M O S P L Æ J H L Y D
U N D V I G E S E K V E N S E
A U T O M A T I S K Q S E H N
```

AUTOMATISK	OBJEKT
MAIL	GLAD
HJÆLPSOMT	TILBAGEVENDEN
FUGLE	PAR
VARM	TRAVLT
PRESSE	JERN
PEJSEN	BERØMTE
AFSTAND	HOLD
UNDVIGESEKVENS	MINDRETAL
TRAGISK	BIDRAGE

Puzzle 20

```
L A N G R E G I D E K S F A O
K Q U I B E D N E K N E G G Q
K K N L A D S M U N T E R D M
C E T E P N H S G I F R F Q I
U L E D O F R V O V F D O P L
B B L N F I L M O U U N S X L
S C C E K V A U O G R U T M I
Y G R U N D U M G T N C E W O
N K O N K U R R E N C E E R N
G U D V A L G W J V J U V S E
E O F F E N T L I G E I V X R
N F O R E G Å E N D E A O L V
D V L Y R J K G R N M D L G K
E R W I R R D E S P E R A T K
```

GRUND
MILLIONER
DESPERAT
SYNGENDE
FOREGÅENDE
VINKE
UNDRE
VOGN
MUNTER
AFSKEDIGE

UDVALG
GENKENDE
FOD
ENDELIG
LANG
SVAMP
RESSOURCE
OFFENTLIGE
KONKURRENCE
FILM

Puzzle 21

```
M  O  N  E  D  E  R  D  E  L  H  L  K  F  H
E  P  E  W  P  V  M  A  B  A  B  Y  A  Ø  L
D  M  D  Å  P  Y  Q  J  Z  S  W  I  P  D  R
I  Æ  R  G  R  D  O  S  O  D  D  B  I  E  A
C  R  O  D  B  Æ  J  X  S  V  X  L  T  R  F
I  K  J  N  O  F  T  U  E  B  P  C  E  A  Q
N  S  M  U  M  I  E  E  T  T  O  W  L  L  S
S  O  B  X  B  X  S  I  R  E  A  U  Q  Z  H
K  M  G  V  S  U  L  I  E  K  S  T  O  L  U
U  H  O  U  A  S  C  C  T  T  E  B  F  D  N
K  E  N  P  T  B  U  N  D  E  T  S  K  Æ  V
C  D  D  A  K  I  T  O  K  R  A  N  P  N  L
C  S  N  D  R  E  N  G  K  B  E  Z  E  E  X
Y  D  E  M  O  K  R  A  T  I  S  K  F  X  F
```

VÆKST	KAPITEL
BABY	NARKOTIKA
SEKRETÆR	JORDEN
STOL	BUNDET
MEDICINSK	FØDERAL
PAUSE	DRENG
OTTE	HUN
DEMOKRATISK	MUMIE
UNDGÅ	NEDERDEL
TILSTAND	OPMÆRKSOMHED

Puzzle 22

```
T L R H U K O M M E L S E S T
D R O E K U N N E I V W D T I
L C K K D L E H T R D R Y A V
O C K Y A U E Y E Y K F L V P
H J F Z O L C V O D A A F N T
F A K T O R I E R S S R P I L
A S K J U L L S R N S E X N E
W J K T S O W E E E E T T G W
N L X V E G D M P R T R D A T
X K M R O S B M U D E U B M G
C R G N Y W Y Ø V M R E L R R
F O I E H B X T A H D N E I D
B S N A R E R E H S U D V Y Q
M A V E N R V O M S M E I Q I
```

BLEV
FAKTOR
FLYDE
LOKALISERE
BOGREOL
SNARERE
FARETRUENDE
RENSDYR
REDUCERE
HAT

KUNNE
KASSE
SKJUL
STAVNING
TØMMES
HELD
AFHOLDT
MAVEN
MUDRET
HUKOMMELSE

Puzzle 23

```
Q R Q G K A Q W Z H U S A B G
J D S R J Y X C Q J D H N R R
I X O I V R I G E O C X B F Æ
Y P Z L B W E O R J A M L I N
F L I P P E R T C B S D S R S
B U B G D S U U E H Ø R T S E
V D L E N S S E K U N D E K N
Z K H I I A T S R T I X N J T
E N O T C M G I L E T S G N Æ
E M J R S A M L E D E R E R V
X V W J T E R S T A T N I N G
M Q G S Q E G G Y K S C C U X
F E J L B X T N E A D S C T L
N O G E N S I N D E H K G J H
```

TRODS
GRÆNSEN
SEKUND
SAMLEDE
TONE
SKYGGE
NOGENSINDE
IVRIGE
ÆNGSTELIG
MAJROE

SNE
EGNET
MASSE
ERSTATNING
ENHED
FEJL
FLIPPER
KORTET
FIRS
HØRT

Puzzle 24

```
M F L A S K E N A V S J V Y M
C Æ D K K L K S N E G A T I V
T B R N Z A Æ M F X V U G L E
S F E K E B A J I Æ J E U J B
M T G K E J P N R S Æ T T E E
A G N N S L R D N I S U T E Q
R T I O Ø Å I E M R G R I S B
T M N G L K E G Ø S R E D N U
E O Y L S M S E E U V D R M X
R R S E E O Q K P Z N I O I I
E A R T D L J Q B U F G W H H
V L O W Ø B L T S M T E G A T
U S F B K B R Y D E R R Q I L
Q K O F S F O R M Å L E B X S
```

TUSIND
MORALSK
KNOGLE
SKØDESLØSE
VÆRDI
REDIGERE
BRYDER
TAGET
NEGATIV
BLOMKÅL

FORSYNINGER
SVANE
SÆBE
FORMÅL
MÆRKELIGE
FLASKE
UGLE
UNDERSØGE
SÆTTE
SMARTERE

Puzzle 25

```
D E E H Y O R R G R K E L N Y
K R Z W U X I Y U R K R Z O O
L E A M L N R H G A L F P C C
N S L Z Y X D R E V O K G B S
J I E B V T I R O V A F Æ S E
K N L A T N A A E O B M L X T
M A Z S E Z D F G D Ø D D U B
F G O E G A T A R F E E N Z I
N R E L I X R V E I M K I Y L
F O J L T B O J J R E V E T L
Q R I I S U P N B K R Æ V E E
T T V T C K S D F C F I A M D
Z U R S E T K E F R E P W T E
W A D Z J S E S E L V O M Z C
```

FAVORIT
ORGANISERE
KRÆVE
PERFEKT
REVET
OVER
EKSPORT
STILLE
INDLÆG
ANTAL

SELVOM
HUNDREDE
UDDØD
GRINE
FROST
STIGE
BJERGE
BILLEDE
FRATAGE
FLAG

Puzzle 26

```
S T F O T I V L Æ R E R R K M
L I D E R M I D T E R S T E C
Ø N V X H N Y E W R A X U P T
D G F H Q K W R Q G T O G M I
E G A D P O E V N M K S A A L
L T K Z Q T K Y T F E Z F L F
Æ G D T S L Å N E A N J F K Æ
G Å O R U M Q L T T C V K L
G S Ø P C C V S K T D K B G D
E T L X A J M E N I X N A I I
S L S Y P D L G E G I D F R G
L B M W U W K E R E N E S X T
Q D H W V S V G O R P S X Y S
W J V X K W D E F S I D D E E
```

HVIS
FATTIGE
LIDER
SPROG
LÆRER
TRAKTAT
VRED
TILFÆLDIG
NEKTAR
LÅNE

DIG
STØRSTE
GÅS
LAMPE
SIDDE
SENERE
OPDAGE
ØDELÆGGE
FORENKLE
MIDTERSTE

Puzzle 27

```
G N S O M Q U W M T A D J I S
T Ø J W S I P F E I H U H L Y
U X P E P A N T D L N B S L G
A U Q L M K N M F S J T B U E
F E V I D E R T Ø T O S A S P
T P K E F K S P L R D O G T L
E O S F T R C Z E Æ R P A R E
N D I M O Æ O S L K I P G E J
B N P V D M R Z S K K Z E R E
S U O T E Å E P E E K U R E R
D R R N F U R Y V L E E U L S
U S T A B I L L O I R Y M I K
S T R Ø M P E F I G Z Z B R E
F O T O G R A F I G A R T E R
```

AFTEN
ILLUSTRERE
STOR
TILSTRÆKKELIG
STRØMPE
SCORE
POSTBUD
MÆRKE
SYGEPLEJERSKE
TREDIVE

SNIFFE
USTABIL
ARTER
BAGAGERUM
DÅRLIG
MEDFØLELSE
TROPISK
TØJ
FOTOGRAFI
DRIKKER

Puzzle 28

```
Q B H T L J V C G X I R O E T
N E G A T D E V S F V D C S E
S T G Æ V V R B Q R A I G K R
D Y R G G A D J W M U N E O R
M D O E Y B K D H J V U Ø V O
Ø E F X A T A O F B Q L Y L R
T L K C D U A P T L T Z D G H
R I L G G U X H W D O Y Z X G
I G N I R E D R U V V V H Ø P
K S I T I R K J Ø T E K S A V
T R Æ K K E L I L L A E C V E
M L L K B R E M E L B O R P U
D J I Z K H S Z Q P M U U H T
O V E R V E J E T U W D D W F
```

TRÆKKE
VÆGT
PROBLEMER
DREV
TERROR
TEORI
VEDTAGE
VURDERING
LILLA
DAGGRY

JUICE
BETYDELIG
NUL
MØTRIK
BESØG
LØN
VASKETØJ
OVERVEJE
KRITISK
VOKSE

Puzzle 29

```
W  V  O  T  S  O  K  O  R  F  I  Y  Z  Q  O
X  T  K  E  K  N  Æ  R  K  S  D  N  I  L  P
Y  G  R  U  T  L  U  K  U  T  F  X  B  X  F
S  E  M  Y  G  V  H  G  P  X  O  D  E  B  I
D  N  A  V  G  N  I  R  P  S  M  E  V  L  N
Q  W  M  X  Z  B  X  V  G  B  U  K  A  K  D
M  E  N  E  S  T  Å  E  N  D  E  R  R  O  E
U  D  R  A  G  O  N  F  L  Y  O  K  E  N  G
R  L  H  T  H  Y  A  X  O  T  S  R  R  F  Y
L  O  V  D  D  Y  P  G  N  R  M  Ø  Ø  L  T
U  U  X  D  T  I  T  O  P  L  U  L  F  I  V
H  I  V  S  H  B  K  R  Q  A  K  L  D  K  E
P  E  R  S  O  N  L  I  G  T  K  E  U  T  S
O  V  E  R  S  K  Y  E  T  X  E  T  Z  H  T
```

SPRINGVAND
HULRUM
VEST
FROKOST
KRØLLET
DRAGONFLY
OVERSKYET
INDSKRÆNKE
OPFINDE
KONFLIKT

KULTUR
MYG
PERSONLIGT
KONTOR
ULV
ENESTÅENDE
SMUKKE
DERES
UDFØRE
BEVARE

Puzzle 30

```
L I N D N E K E E W X Z K X Ø
N Y E E L Y J P C S Q O T U K
E P T L O V H O P B F Q M A O
G Q U E K G I L R A V S N A N
N K A R B E Z E R E M R M N O
I S Å D A N D H H E X J U X M
L W A Å Y D X E S H A S K O I
L J Z V T U B Z G N I L M A S
I S T I K K E L S B Æ R F S K
K H Q F R A X I P T I B G W E
B U L T E Z X T G Q K L H X F
R Q B J I S H V Z Q K D A N S
R S U A N K F B R W E F O O A
P C C M L R E X B L A N D T T
```

SAMLING
MERE
KEDE
SÅDAN
BLANDT
WEEKEND
BRED
ANSVARLIG
VOLT
STIKKELSBÆR

REAL
IKKE
ØKONOMISKE
DEL
ZEBRA
NYE
SKO
KILLINGEN
VÅD
DANS

Puzzle 31

```
T  B  B  V  K  U  N  L  O  R  T  N  O  K  M
U  E  D  N  I  V  K  N  E  D  I  V  J  Y  R
D  R  G  P  D  N  P  T  M  J  K  E  F  V  M
V  O  N  N  W  V  E  P  O  L  I  T  I  S  K
I  T  M  U  C  M  V  Y  D  K  X  V  G  I  R
K  S  H  F  O  Y  G  G  R  K  V  I  G  S  U
L  Y  Q  M  S  Q  N  V  U  N  Ø  R  G  O  G
E  D  R  P  P  I  N  A  E  C  O  K  U  S  A
R  E  Q  V  V  M  Q  O  R  F  Z  E  X  U  A
T  K  R  S  K  O  M  M  E  R  L  L  N  C  T
P  U  B  L  I  K  A  T  I  O  N  I  J  C  V
U  D  N  Æ  V  N  E  F  K  N  D  G  Z  E  J
Z  C  G  E  N  E  R  Ø  S  I  T  E  T  S  N
V  I  R  K  S  O  M  H  E  D  W  E  F  R  G
```

STORE	VIRKELIG
GENERØSITET	UDVIKLER
VIDEN	VIRKSOMHED
TEGN	GRØN
SUCCES	PUBLIKATION
KOMMER	OCEAN
TERMOMETER	DRUER
KVINDE	SVING
AGURK	KONTROL
POLITISK	UDNÆVNE

Puzzle 32

```
V G U G P Q E L I L M E T A X
Æ A R I F V E L N S L M O X Z
R R E L N D P R F G V C T T P
K D G E O I U U O Y P G A L E
T I N M E B O Q R M I N D R E
Ø N S M E L C C M S C D G I G
J E K E L B O N A L B E U H A
F R O T D C A B T A R U N Æ T
N R V Y T Q X V I P K E S L L
C W Ø K U A V B O P C R T D E
F D W E V P H G N E I J I N D
K O X M N F O R S K E L G I C
T C L I G N E N D E R C V N V
K O M P L E K S A I S I R G M
```

INFORMATION	EVNE
NOBLE	TYK
GARDINER	TEMMELIG
VÆRKTØJ	SLAPPE
LIGNENDE	HÆLDNING
FORSKEL	MINDRE
GALE	FRØEN
COUPE	DELTAGE
REGNSKOV	GUNSTIG
KOMPLEKS	MODEL

Puzzle 33

```
D S N V Z Z S L A N D M A N D
H J E R T E L P Z C A A V N E
R Q D P S W I U K N H U L R K
L T E N E M D L I V L Y D Y V
M M R L M M T Q N C J E L S O
G I B Q O S E S M W B W D T R
J R N O F E L E T R L Y T T E
E E Z U R I K D O F M B S M R
E L L Æ T R O F E D O L O A Ø
E A C F I T C E Z C C O L R F
U M K Y U T E N S K I D U K P
T X B U Z O C R K U B M R Ø O
U N D E R S Ø G E L S E A R D
H M Z E F L E K S I B E L L R
```

MEST	MALERI
MARKØR	LYTTE
MINUTTER	SOLUR
TELEFON	SLIDTE
BLOD	FORTÆLLE
LANDMAND	UNDERSØGELSE
VILD	SEKS
DECIMAL	REDEN
FLEKSIBEL	HJERTE
FORBEDRE	OPFØRER

Puzzle 34

```
K  V  E  R  B  U  M  O  J  Y  D  N  U  P  C
H  O  A  U  D  I  T  I  O  N  E  G  G  S  R
A  E  M  Ø  N  S  K  E  B  C  N  O  I  G  E
F  K  N  B  U  O  N  G  C  W  N  V  C  I  U
F  K  A  F  I  D  M  R  D  H  E  R  R  C  S
O  O  D  D  A  N  K  A  T  E  G  O  R  I  T
R  L  X  E  E  L  E  V  L  R  K  P  A  H  V
V  B  X  N  X  M  D  R  G  A  D  S  N  O  A
E  Z  Y  O  C  M  I  E  E  D  P  W  P  N  B
N  B  L  Ø  D  E  R  S  D  I  B  D  O  G  L
T  L  N  O  I  S  S  U  K  S  I  D  A  E  O
E  R  E  T  A  L  E  R  Q  E  V  A  N  D  K
D  H  Å  N  D  K  L  Æ  D  E  D  L  C  K  Z
E  Y  K  F  M  H  B  Y  C  C  F  U  A  E  U
```

ONSDAG	KATEGORI
HENFALDE	ØNSKE
AKADEMISK	AUDITION
KOMBINERE	VERBUM
VAND	FORVENTEDE
BLOK	RADISE
HÅNDKLÆDE	BLØDER
RELATERE	DISKUSSION
BLOKKE	DENNE
SPORVOGN	GODBID

Puzzle 35

```
V F D X R L M L E V E S T E D
S Å R E G N E M A S K I N E D
H R T G I S N A B T I U V Y I
Z Ø H O D F C R N I L A S Y N
S D J A M C P C R Æ B L O S K
W V L D V I S E S S Q H S H L
D P I F E M G D O H K J Y V U
K Z J P R P M L U D T A L E S
S G N S M E U R E I D E M R I
S T J F Y T B N M J L R M A V
Z E Q G K A L X K Ø Æ X E L E
R E T T E L S G E T H D I K P
U H B C B F I N I S H G M F J
K L A R R E T N I N G E R A D
```

STØJ
MEDIER
FINISH
SLETTER
KLAR
VISES
BEKYMRE
REGNEMASKINE
HØJDEPUNKT
AFKLARE

FÅR
ANSIGT
UDTALE
ABSOLUT
HÆLDT
INKLUSIVE
PLADS
SOLBÆR
LEVESTED
RETNINGER

Puzzle 36

```
C A F R M L X R M P I L G O D
F R L L H T E L L A T R E L F
R U E M T I T F X K O S T Y F
N T T M I D K D F T Y D T V B
E K N S E N M A T C H B Æ J E
D U A J S R D E G E U U R Y D
O R T Z I V V E X N O S T R S
H T P H V R U K L G J J C P T
F S H O E E T S D I V Q S L E
H A H I B G Z N R X G Y C Ø M
T Y N G D E K R A F T E N F O
N E N S F U K C S U P P E T R
N E H X V W V P A G M C U E B
O M Y H Q P W K W U J M T F V
```

TRÆTTE
ALMINDELIG
LØFTE
GROTTE
KURV
TANTE
CREME
SUPPE
TYNGDEKRAFTEN
BUS

VIDSTE
DIT
DOG
ENG
NED
BEVISE
MATCH
BEDSTEMOR
FLERTALLET
STRUKTUR

Puzzle 37

```
T V S N B V D D H P B W W O Y
E R A G E V Y L B V G E W C V
N J I R V R C D G B I H W I I
D B U V E S Y R F M X D V F L
E R P H V V N J S D Z Y S T L
N E E E Ø D O A F H Æ N G E E
S V J X T O G G K Ø R E T Ø J
M L L W S V M U N S C X S L S
Y O A B A E P I L O T H E E I
O B T T K N M T L Y F Y H R K
M J E M O T I V A T I O N F K
V I D E N S K A B S M A N D E
J T I L L A D E L S E X K J R
C D B K W Y J R F T I E J Y T
```

FRYSE	DOVEN
SIKKERT	BLY
HVID	VAREVOGN
KØRETØJ	VIDENSKABSMAND
KAST	PILOT
VILLE	DETALJE
AFHÆNGE	TENDENS
BREV	HEST
DYRE	TILLADELSE
TØVE	MOTIVATION

Puzzle 38

```
Q  M  I  T  A  Q  C  A  F  O  Y  I  F  O  Ø
V  T  Z  Y  F  E  D  U  B  U  T  B  O  B  J
S  U  P  V  S  J  A  M  D  M  A  G  B  H  E
V  I  Y  E  D  E  M  R  O  F  O  I  D  F  B
L  E  V  E  N  D  E  S  T  R  A  N  D  R  L
U  Z  C  X  G  N  P  D  N  H  Ø  J  T  E  I
G  A  R  D  E  R  O  B  E  I  V  O  R  D  K
A  E  D  L  O  H  E  D  N  I  A  P  X  A  K
Z  T  V  U  H  I  S  T  O  R  I  E  J  G  E
B  N  R  M  E  B  V  O  W  E  I  T  R  J  T
A  A  G  O  P  L  X  L  Z  T  Z  R  U  H  D
S  L  G  B  N  E  H  B  I  L  E  D  E  R  X
I  P  J  F  B  S  Y  Y  S  V  Z  M  P  Y  H
S  B  C  E  V  L  S  E  P  A  R  A  T  D  B
```

FORM	TYVE
HISTORIE	LIV
BLOT	PIL
GARDEROBE	PLANTE
ØJEBLIKKET	STI
LEDER	INDEHOLDE
SEPARAT	BOMULD
DEM	BASIS
FREDAG	LEVENDE
STRAND	HØJT

Puzzle 39

```
H W I D L U F N G E R H S J R
Y R E T U P M O C E U J M N X
A C B B U R N F R B M U Å D U
A Q C A S S I Æ X G I L O R D
S D N S C T L Q Y M A R C V L
A N V U U K E Z J M P U X C K
D A N O R A J D F I K T I O N
S T O E K E F T E R L A D E R
K U I J E A J Z M L G Y Z K F
J R G E R U T K A R F G K H C
O L E K S P E R I M E N T Q A
R I R E P R Æ S E N T E R E R
T G I L R Y T N E V E D P S T
E G I U H P K X L V O N D T S
```

ONDT	ERKLÆRER
WEBSTED	COMPUTER
ADVOKAT	EFTERLADER
EKSPERIMENT	MUR
FIKTION	FRAKTUR
REGNFULD	SAD
NATURLIG	SMÅ
ROLIG	HJUL
EVENTYRLIG	REGION
SKJORTE	REPRÆSENTERER

Puzzle 40

```
H H M D I S T R I B U E R E C
W H B A L L O N E R Y U S Z J
I Q O F E B E R A K R N F J X
C H A U F F Ø R Q E Å U K B O
P M S E X L J N S X D V H I T
K U Y G Y H M U E X N Æ L E H
T E N N I S L R L A E R Y F A
F L Q I A B M E C I R E W F M
O Z A R G Z I Z F G T N W A B
N Q E M I C B J I T M D L R U
D X V Y R F E J Q B E E C T R
T F A K D O F T P N Z R L S G
F C O E L U N E G I T S Å N E
N Y C B A K R O P V R E K R R
```

FOND
NUVÆRENDE
DISTRIBUERE
RÅDNE
KROP
BEKYMRING
STRAFFE
CHAUFFØR
BALLONER
ALDRIG

STIGEN
FEJ
FYR
HIT
EFTERÅR
NORMALT
HAMBURGER
FEBER
TENNIS
BLUSE

Puzzle 41

```
H  W  C  M  H  A  Q  V  R  M  C  Q  T  S  G
G  G  O  O  F  Z  B  U  M  U  B  O  O  C  P
L  L  Y  R  B  R  E  D  N  I  V  K  K  Y  X
K  Z  B  E  E  H  K  H  K  O  F  Q  V  E  L
N  Y  L  D  L  Y  F  Ø  N  Q  D  V  L  I  Å
K  Ø  D  T  M  J  H  J  P  R  O  D  U  K  T
B  E  S  K  I  D  T  D  L  S  L  O  G  F  S
F  B  D  Y  T  T  J  E  F  O  R  T  I  D  U
E  G  I  L  T  I  N  S  M  E  N  N  E  G  J
V  G  N  G  V  N  N  A  K  B  Y  G  G  E  R
E  N  G  E  L  S  K  G  O  G  H  D  X  B  P
R  I  G  E  L  I  G  T  O  Z  H  P  Q  H  Q
L  P  O  P  U  L  Æ  R  E  D  D  I  R  N  C
D  E  D  I  K  E  R  E  O  I  W  V  F  I  E
```

STÅL	KAN
BESKIDT	FORTID
PRODUKT	BYGGER
KVINDER	RIGELIGT
FYLD	ENGELSK
TING	RIDDER
DEDIKERE	GENNEMSNITLIGE
BREDDE	HØJDE
GULV	POPULÆR
BELØB	SNIT

Puzzle 42

```
S  R  E  P  P  A  R  T  Q  Q  Y  C  R  Q  U
E  B  A  K  S  D  U  B  S  S  F  M  K  I  Y
N  C  K  T  S  D  Y  B  N  E  D  B  R  U  D
D  X  X  X  Ø  E  N  Q  X  L  O  R  X  H  M
A  T  A  D  W  R  M  U  F  G  R  Y  E  V  L
B  K  K  A  I  Q  K  P  W  O  A  N  L  A  S
E  G  X  V  H  L  Z  L  E  N  N  K  D  Q  H
Æ  N  D  R  I  N  G  Y  Æ  L  G  E  M  U  T
S  A  K  T  S  R  T  Q  E  D  E  N  G  Å  V
V  V  Y  P  N  W  T  E  C  L  E  F  F  A  G
Z  H  S  Q  L  N  L  X  M  E  G  U  T  C  Q
W  N  T  E  Y  G  J  Q  Q  P  S  G  A  O  Y
F  O  R  S  I  G  T  I  G  E  O  T  F  V  E
I  N  T  E  R  E  S  S  A  N  T  W  R  J  Z
```

NEDBRUD	DYB
TRAPPER	TØRKLÆDE
NOGLE	KYS
FUGT	ÆNDRING
RYNKE	EKSEMPEL
FORSIGTIGE	SEND
TEMPO	BUDSKAB
GAFFEL	ORANGE
INTERESSANT	DATA
ABE	VÅGNEDE

Puzzle 43

```
U L Y S D H M T M H V N D P M
I K I D R O F S Ø B K Q D R V
X H A D B V X F L T P L E I O
T X Å F E G A R K D B Q M V L
E T T N S S T A K I L E D I U
K C Y I D C O F T R Æ D E L M
A O W D C A F E L M O O P E E
V K L E S Æ V T E W T Y P G N
N A P L S Y N S F N Y H O I L
Z K R Y E N I D R X L U T U Ø
C S V R S G S E I B T S S M R
S K A R P S I B S K E O N V D
C I A U E R N U K K U O P F A
F P R O P D T S M O L B T T G
```

KRAGE	MØL
VÆSEL	LØRDAG
PRIVILEGIUM	SKE
BLOMST	SYN
DELIKAT	STOPPE
FORDI	VOLUMEN
HOV	TRÆDE
SKARP	FELT
LIDE	BEDSTEFAR
HÅND	KOLLEGIUM

Puzzle 44

```
Ø  O  S  D  H  I  M  A  M  O  D  G  D  T  B
L  J  D  U  D  R  E  T  T  E  K  R  I  K  A
Y  R  E  P  Q  K  N  C  S  V  S  P  Y  U  N
R  U  R  B  Y  H  N  N  O  Z  K  Z  W  W  K
Y  A  F  P  Ø  C  E  S  J  H  Å  Y  T  B  E
J  M  L  T  P  K  G  X  U  P  L  M  H  T  C
M  C  I  C  G  L  A  S  S  O  Æ  Å  Q  I  P
A  N  T  I  C  H  V  E  R  T  S  D  E  B  P
L  H  R  E  W  P  Z  R  A  N  E  E  R  S  K
I  K  O  X  V  X  L  F  B  I  N  V  Ø  S  K
N  S  F  Y  R  G  U  T  V  J  G  D  A  M  P
G  H  M  D  E  R  E  F  T  E  R  M  E  H  D
X  D  O  U  F  P  E  P  G  U  C  P  A  R  F
G  T  K  X  K  M  F  O  R  M  U  L  A  R  T
```

UDRETTE	BANKE
TILFREDS	LASSO
KIRKE	FORMULAR
KØBE	SÆL
KRIG	SENG
KOMFORT	DAMP
MALING	SKÅL
GENNEM	MÅDE
ØJE	SØVN
HVERT	DEREFTER

Puzzle 45

```
S  N  D  E  F  H  O  B  V  N  J  I  D  T  Z
A  A  A  Z  J  A  I  N  T  E  T  V  L  I  S
R  K  V  V  D  N  T  Q  C  F  V  A  U  B  O
Y  R  H  L  I  E  A  E  Q  U  G  R  B  A  L
F  O  A  A  T  G  A  U  E  T  S  C  O  N  S
I  G  A  H  K  N  E  K  S  N  Q  I  D  Q  K
D  F  J  P  E  Æ  N  R  A  T  D  R  Æ  V  I
O  X  E  T  S  H  G  N  E  T  N  E  R  C  N
U  A  F  P  I  B  A  M  T  K  A  V  G  N  O
R  M  N  U  X  B  P  U  S  Y  D  L  J  L  X
Z  Q  D  L  W  G  K  E  R  V  Y  U  V  V  B
D  G  K  J  F  J  P  V  Æ  G  C  P  R  V  X
T  E  M  E  T  S  Y  S  V  R  A  V  Y  C  G
C  Y  K  L  U  S  P  I  V  F  U  J  B  M  U
```

ENTEN	GRÆD
HVAD	PULVER
VÆRD	ORKAN
PULJE	HANE
GALT	HALV
VÆRSTE	HÆNGE
INTET	BANAN
BIT	SYSTEMET
CYKLUS	SOLSKIN
FED	NAVIGERE

Puzzle 46

```
I N D T A S T E R E R E L F G
S J Z E Y G B E E E O U P X E
G R S X M L H C D F R T Q A N
A W K S I D T N L O B H K S N
Z M J N G S Y T Y R T J J B E
T A B W H G O D K S T Æ P V M
S V S E E N N L S Ø V L T C G
A I P B R S B O E G O P J Å A
F C B Ø S I O K B R C E E T N
H J Ø R N E L U F D E H N S G
U B Q K X E L L E D J T E D L
V Z A T E R E L L O R T N O K
E E E F F E R Æ M I R P H M R
K R I M I N A L I T E T C D G
```

GENNEMGANG   HJØRNE
BEGYNDER   FORSØG
BESKYLDER   ØRN
BROR   TAB
TJENE   FAST
HJÆLPE   PRIMÆRE
ISOLERET   KOLDT
MODSTÅ   KONTROLLERET
KRIMINALITET   FLERE
BOLLER   INDTASTE

Puzzle 47

```
X W K M J V L R R U F M O K A
F W A R S H B E R E J Ø H T K
O O T A J V B Q M R A L A D A
R T A I M B Q R F I N G E R R
V U S T O K O M A P S P P R A
I J T K R N T Ø R B L Z O E K
R P R I E S Ø S T E R F H D T
R J O F N V A J Y G N T Å J E
E G F I I O C D L E Z S B E R
K W E C M Y T C D N U S P B K
K V P E A L Z E Q L D B D R X
I Z I P T O N V E R D E N A L
R A Z S I C I R K U L E R E Q
V T V C V S K G H I P Q A T Q
```

SUND
NEDENFOR
FINGER
FORVIRRE
VRIKKE
KOMFUR
VITAMINER
KOBBER
ALARM
CIRKULERE

HÅB
SPECIFIKT
KATASTROFE
VERDEN
HØJERE
SØSTER
KARAKTER
TØR
ARBEJDER
ENORM

Puzzle 48

```
A V I D E N S K A B M E U V A
N I F L E D O L F C S N A U D
D N Q Y F I Z H F E H O R H S
E N Ø H E P L S N P V I E M M
R A N B G O D D M P H T F X Q
L S P E I K E E P I M A I W Z
E A G I L R Æ K P L T R M Q P
D F O J Ø E J K N K H E B O V
E J V L K D B A M Y Q N O Q R
S M S T Z D B R J S I E S K C
P F U I L E S F W Z T G N A L
A I N S T I T U T I O N F P X
C E O W N Å L B E S K E D E N
K L V C P D O B S E R V E R E
```

FLOD

SENDE

FASAN

DELFIN

KØLIGE

KLIPPE

VIDENSKAB

BESKEDEN

EDDERKOP

OBSERVERE

INSTITUTION

AFSLØRE

LANGT

NÅL

GENERATION

AMOR

ANDERLEDES

FRAKKE

KÆRLIG

HØNE

Puzzle 49

```
B  P  A  B  Ø  K  E  O  F  F  F  D  B  S  N
I  W  V  O  V  I  R  T  U  E  L  L  E  E  R
D  T  N  K  V  C  E  I  O  R  H  B  B  M  N
D  L  Y  S  O  M  K  O  M  M  E  R  K  M  S
Y  W  Z  N  G  E  H  O  F  R  I  Q  N  O  O
Y  J  G  I  R  G  A  O  E  F  V  T  U  S  M
G  B  K  N  M  D  C  R  N  C  A  U  D  N  M
Y  F  D  G  S  T  E  I  N  Y  R  R  O  E  E
L  U  H  U  F  D  T  F  Ø  F  I  S  V  R  R
O  I  Q  I  I  B  T  B  B  F  A  O  E  D  E
A  L  G  L  V  M  Æ  R  B  N  B  C  R  N  N
K  F  L  A  K  S  S  U  N  U  E  L  S  A  Y
A  O  V  I  V  B  E  D  A  I  L  C  Y  F  Z
K  Æ  N  D  E  R  B  T  S  V  X  Z  G  J  O
```

VIRTUELLE
KOLLIDERER
BØNNE
VARIABEL
ANDRE
AFGIFT
OMKOMME
BID
KAKAO
BRUDT

UDOVER
ÆNDER
KØB
ENSOMME
HEGN
BOKSNING
SOMMEREN
SKAL
BESÆTTE
FIRBEN

Puzzle 50

```
K  R  O  N  E  J  E  H  T  O  K  L  F  S  F
S  B  O  Y  G  B  E  K  J  N  C  E  O  P  U
H  P  O  R  Z  W  A  W  Ø  I  G  T  R  E  G
Z  C  Ø  C  Y  P  W  S  S  I  M  H  F  C  L
H  Q  X  G  M  C  H  C  Q  J  C  E  A  I  E
A  J  R  O  E  C  Y  A  L  Z  M  D  D  E  S
Z  B  K  X  U  L  S  O  L  D  A  T  E  L  K
Z  L  L  O  H  K  S  T  T  W  I  S  R  T  R
I  A  T  N  E  G  A  E  D  Å  R  M  O  T  Æ
P  O  R  T  R  Æ  T  S  Ø  D  K  C  E  P  M
S  W  E  A  T  E  R  L  L  O  U  Y  A  D  S
M  I  S  T  E  T  Y  I  B  O  A  H  A  D  E
Z  X  X  S  Z  K  W  K  V  E  C  Q  R  Q  L
B  R  O  C  C  O  L  I  M  N  T  P  K  J  Q
```

FORFADER
MISS
PORTRÆT
AGENT
LETHED
KRONE
BROCCOLI
MISTET
TOUCH-SØN
SPØGELSE

HAD
BLØDT
SPECIEL
KOMPAKT
SOLDAT
PIZZA
SLIK
OMRÅDE
SWEATER
FUGLESKRÆMSEL

Puzzle 51

```
P  E  E  U  Q  F  N  E  T  S  X  R  Z  U  A
K  U  E  N  G  O  O  E  K  S  R  E  H  C  S
K  Z  I  L  M  P  I  V  T  U  F  L  U  K  D
D  U  M  F  E  F  T  L  E  T  W  L  L  G  L
F  C  X  Y  D  P  I  L  S  G  O  I  S  J  R
C  N  H  I  I  V  B  O  I  J  Y  P  E  Y  J
A  J  S  Z  C  X  M  T  S  L  D  S  R  P  I
Z  L  B  R  I  I  A  S  K  E  H  U  I  X  P
D  I  Z  K  N  J  R  E  A  P  W  J  Ø  T  W
V  E  H  D  V  Z  E  N  R  L  G  F  S  W  F
M  T  E  O  G  O  M  Æ  P  U  I  N  G  E  N
Y  R  L  I  P  G  A  L  Y  P  K  T  J  T  R
A  R  Z  N  A  K  K  M  I  L  I  T  Æ  R  E
O  N  G  E  N  N  E  M  F  Ø  R  T  J  G  A
```

STEN	DUM
MEDICIN	AMBITION
INGEN	LÆNESTOL
MILITÆRE	KUL
KAMERA	ORLOV
TELT	NETTO
PRAKSIS	HEKS
SPILLER	SERIØS
GENNEMFØRT	MINDER
HERSKE	SLIP

Puzzle 52

```
M  Q  Z  V  E  K  F  I  M  C  P  D  A  Z  I
O  J  H  L  T  R  E  D  N  U  N  E  D  E  N
P  É  D  Z  G  N  I  L  D  N  A  H  E  B  T
U  D  F  C  Æ  Q  Z  G  P  Z  N  A  P  L  E
M  I  L  S  K  O  L  L  A  P  S  D  O  U  L
O  S  E  K  K  Y  L  S  I  M  F  G  L  G  L
D  L  K  N  S  P  U  R  G  T  G  A  I  T  I
Y  P  I  P  Æ  M  O  R  G  E  N  N  T  V  G
U  W  T  K  E  L  N  C  N  P  I  G  I  O  E
O  Q  R  J  B  N  P  V  S  D  N  Æ  M  C  N
E  Z  A  I  F  E  N  S  Q  H  D  O  A  J  T
V  E  P  P  I  Z  X  Y  Æ  D  I  E  N  L  E
D  U  N  X  Y  M  Q  J  F  R  R  Q  D  M  G
Y  L  X  W  I  F  C  T  K  E  G  N  I  A  R
```

NEDENUNDER	MIL
MORGEN	INTELLIGENTE
ÆGTE	BEHANDLING
ADGANG	GRÆSPLÆNE
MISLYKKES	PARTIKEL
RIDNING	POLITIMAND
SPURGT	PENNY
NÆSE	LUGT
DOM	KOLLAPS
IDÉ	MÆND

Puzzle 53

```
E  L  A  T  N  E  M  N  T  D  V  R  B  V  K
R  D  R  U  T  Å  G  J  Ø  J  T  A  I  I  R
Y  O  U  R  C  Q  H  K  M  E  L  K  O  S  T
S  Z  G  X  Y  U  M  U  M  D  R  E  G  D  F
I  D  I  W  W  X  R  M  E  Æ  I  T  R  O  D
R  C  F  A  W  V  A  A  P  S  O  V  A  M  V
P  R  K  W  I  K  M  T  G  Y  K  I  F  G  S
E  T  T  Æ  S  T  R  O  F  Z  Y  B  Y  N  E
F  N  G  R  E  K  K  Æ  G  R  E  T  N  I  V
M  M  O  Z  F  O  R  T  R  Æ  N  G  E  N  T
I  F  I  D  E  N  T  I  T  E  T  Y  K  D  O
U  G  Q  Q  T  R  A  S  E  N  D  E  R  L  K
T  E  R  E  T  I  R  R  I  I  D  Z  Ø  O  U
J  U  W  R  D  S  Q  Y  H  V  P  E  D  H  Z
```

VINTERGÆKKER
RAKET
ØRKEN
UFORSKAMMET
GÅTUR
IRRITERET
FORTSÆTTE
VISDOM
FORTRÆNGE
IDENTITET

PRIS
RASENDE
FIGUR
KØD
SÆDE
BIOGRAF
SIR
MENTALE
HOLDNING
SORT

Puzzle 54

```
H  A  J  Q  R  O  F  R  E  D  D  E  T  S  I
V  E  G  I  P  G  E  L  F  I  I  M  N  E  N
R  K  N  X  B  N  I  S  Y  D  O  M  E  R  D
F  R  H  V  T  I  H  C  A  I  P  Ø  M  Ø  T
I  Ø  W  S  I  V  E  T  T  T  E  V  E  G  I
Z  T  N  W  E  S  S  E  F  A  R  S  G  M  L
E  U  Q  U  M  P  E  I  O  V  A  L  A  S  X
K  I  D  H  Q  O  I  T  R  I  T  U  N  Z  V
M  I  N  D  S  T  R  R  S  R  I  M  A  D  T
X  B  D  S  C  J  E  A  T  P  O  K  M  M  P
M  E  F  X  V  K  F  P  Å  E  N  D  G  O  N
T  I  L  G  I  V  E  E  E  L  J  L  K  U  X
Q  N  C  N  J  B  Z  C  T  F  Æ  L  L  E  S
U  A  T  C  H  J  A  W  G  S  D  G  M  G  P
```

STED	OPERATION
PARTIET	TILGIVE
TØRKE	TID
SVØMME	MINDST
STADIE	MANAGEMENT
PRIVAT	HENVISE
KUNSTNER	GØRES
INDTIL	DERFOR
FÆLLES	OPSVING
FORSTÅET	FERIE

Puzzle 55

```
F Q K C A N P F M X R B O J S
O H F N J O E R E T N A L P T
R N Q D N G P U S P O R T E G
U S J C A E J G T M R I D D A
D S N O N T L T M T G N L N D
E G I R N A F T K Y A N R E D
X C U S F N N Q W V S P I A I
S T Y P O I E C L G D F R R M
K F Q E D P E Ø A T R B E Ø R
X L G E E S K L P I W L F H E
E R E B R O S B A I L K F O T
A F D Æ K N I N G E I M O R F
F O R H O L D S S Y S W Y F E
A R B E J D S T A G E R M T S
```

ARBEJDSTAGER
PLANTER
NOGET
OFFER
SPORT
FORHOLD
SLAGS
ABSORBERE
HØR
SPINAT

FODER
EFTERMIDDAG
RIGE
ENDE
KØLVANDET
FORUDE
SKEEN
SELLERI
AFDÆKNING
FRUGT

Puzzle 56

```
V J E E R E R T N E C N O K K
Z R V K I T I L O P W G U Q Å
Y Q U S U K O R K R K J T H L
J P T L N Y T T I G X K M M R
A D M I N I S T R A T I O N O
E C O B P J T A V H G R E B E
K X D A E I R T T Ø R R E T H
S F N T E S N S R Ø D N E D U
T L E E M A T E R I A L E D E
R Y J G T I L F Æ L D E L T I
E T E E P S I J D Q U K S Q G
M T U V P Å M I N D E I J P E
T E Z Y Y R N O L D L K M K N
L Y K Ø N S K N I N G G M T U
```

STAT	UDENDØRS
TILFÆLDE	KÅLROE
EKSTREMT	TØRRET
EJENDOM	PÅMINDE
FLYTTE	KROKUS
IGEN	PIN
LISTE	ADMINISTRATION
MATERIALE	POLITIK
NYTTIG	VEGETABILSKE
LYKØNSKNING	KONCENTRERE

Puzzle 57

```
N L M Q L E K Y C R O T O M O
P E C X W O V F D U X U L T R
R T D E N D Y X U L K N T Q D
O T N B V Y I A J R P I Y B E
D Y A D Ø V F S L A H M E V N
U K M N J R X O C E T L Æ B T
C S N I B O R U Q W M B A D L
E E L V S A T S X R K Ø E O I
R B N E R E U K A V E E D Z G
E S A N O U Q S M O T E L E K
U R E L J E P S F A N E G G R
C R B I F A R G O E G F O I A
A U Z G F J P C U K B Q Z M F
B L X E C E Q A W Q D B X O T
```

MAND
VENLIG
KRAFT
BESKYTTE
ROBINS
MOTEL
BÆLTE
MØDE
MOTORCYKEL
MINUT

AFSPEJLER
GEOGRAFI
BAD
NEDBØR
EVAKUERE
LOYALE
HALS
SATS
ORDENTLIG
PRODUCERE

Puzzle 58

```
A U G Y V J Y L S E Y H G H A
T R O I J G J C O T N A O C N
E E B Y R T T F L A S V B N X
L R U E V A L M H E B E Y I G
E E H R J F O R M A T N T C N
S G G A F D O H A N D L E P I
K A Z F O N S S T E M M E B N
O R E B A R P K L E S E S U K
P E G I R L A T R O P M I N S
G T L V D F C D X A K Q B D R
U N Ø M V S E I H A F V L E O
M I F I X Z J R E F E T D A F
M J I M I L J Ø M Æ S S I G E
I Y L P T C M G V D F Y I V Y
```

INTERAGERER
IFØLGE
ARBEJDSKRAFT
FORMAT
TEST
STEMME
GUMMI
BUND
HAVEN
BOG

DER
LAVE
MILJØMÆSSIGE
FORSKNING
SOL
IMPORT
FARE
HANDLE
TALRIGE
TELESKOP

Puzzle 59

```
B  G  F  O  V  H  Z  F  T  G  V  J  M  S  K
T  Z  B  Q  J  O  Q  O  P  F  M  Å  O  T  L
J  U  L  X  F  S  G  R  W  F  L  J  I  O  A
Y  T  M  N  C  P  V  L  R  T  M  L  G  R  R
S  P  I  S  E  I  I  A  I  T  V  R  V  S  E
D  U  W  E  B  T  N  D  N  U  M  U  S  L  S
B  A  L  M  V  A  T  E  D  L  A  F  W  Å  P
L  J  Z  R  Q  L  E  R  K  P  E  S  J  E  R
A  Y  X  P  G  M  R  R  Z  S  Z  X  E  T  O
M  S  T  Ø  T  T  E  E  L  M  A  S  D  N  I
J  M  S  Q  W  O  R  N  Q  A  B  T  T  V  N
L  R  D  P  W  T  B  N  A  H  V  W  R  C  E
G  C  I  F  B  W  R  E  D  N  U  F  Æ  F  S
P  R  S  C  V  V  O  V  S  O  U  P  G  F  Z
```

VENNER	LAM
STORSLÅET	STØTTE
FALDE	TOG
HOSPITAL	TRÆ
SPISE	SIDST
UNDER	INDSAMLE
MUND	MÅLTID
KLARE	SENIOR
TASKE	VINTER
FORLADER	REJSE

Puzzle 60

```
S T Q W Z F G A W R C B R T K
B T N A T I T R S T O D N B U
I E Y B N L E N U Y M A O L N
S N E K A T G W G P F X I A K
O T W B K O N J D E P D T N D
N V D D V E E U L M J E A D W
T H U Å L T L E E A A H T I A
U P B R D S E M I L D G I N L
C E H R O D U P S L A I V G U
N A B O M I V K N Q T T N O H
Y W J F S S O E A B S S I F K
L V W D T J T C N L N A F A R
T Y O R O A X X I W Z H M J U
S M T O L C L E F F O T R A K
```

STOD
KANT
TEGNE
INVITATION
GRUPPE
FINANSIEL
STYKKE
DOMSTOL
BISON
NABO

ELEFANT
KUN
LIM
KARTOFFEL
BLANDING
NAT
ORDFORRÅD
HASTIGHED
SIDSTE
FILT

Puzzle 61

```
F R U N H S F S R E L L Æ T U
L N N B U C I E Å K I L A D Z
A Y K Q V Q F K D F E J D N J
S C T D Q O O B K Q D A W A O
K X E K V D N A M E N S X T R
E T S G I T G I V N R Q L S D
R P L G Q T B Z E D Ø M P O T
E I E R E G I L L E K S R O F
T V Å J T N S U E G R L E B P
S H T D W E E P H T K K C G O
E C S U F O D R O D M Z I K A
M O L L D J T C E H G V F T J
F B I S K I N N E L H Q F H Z
H W T L O V L I G T B P O K E
```

FORSKELLIGE   VIGTIGSTE
FLASKER   STAND
UDDANNELSE   RÅD
MESTER   HELE
OFFICER   TÆLLER
SKINNE   JORD
LOVLIGT   GENEREL
SNEMAND   TOPMØDE
GED   TILSTÅELSE
KOP   SIKKER

Puzzle 62

```
T L E G I L T S E V I D R E A
T Æ D N R Y T S A G J E T O P
E S N I F Æ T F O Q T H Y K B
M N E N A M N L T T L G T E I
P I G T Y V O S A U S I I D N
E N E U M I J F E F A G E E V
R G L L B D M E M Z M N N L A
A S I S B O T A N K M Æ D T D
T B P L M E L L E M E H E I E
U M Z I T Æ P P E P N F S Y R
R H T T A M G E S Y L A N A E
S O L N E D G A N G S U N L N
A F T E N S M A D O R G U V U
O G B R P A P E G Ø J E X R L
```

SOLNEDGANG
OMFATTER
LÆSNING
UAFHÆNGIGHED
VESTLIGE
KEDEL
GRÆNSE
AFTENSMAD
LEGENDE
MELLEM

BIOLOGI
ANALYSE
TIENDE
TEMPERATUR
SAMMEN
TILSLUTNING
INVADERE
TOP
TÆPPE
PAPEGØJE

Puzzle 63

```
R N M P K S I T N A G I G G O
Y K J A K K E P L E J E Q J Z
S U M T X Z A G R E J B N Y P
T P D B W V C F I T E K N I K
E L E S G R Ø P S R E T F E F
N G P R A K T I S K E T Y G U
D Q A H O V E D H M Y V I Z N
E B D R T N E D E T S Y R A D
P P B X D R Y S T E J W Y A X
H P A F A U I N D F A N G E F
G E N N E M S N I T L I G G Y
M E D I N T R O D U C E R E B
A N D E T G K G V H I U J X A
M T W W H A X A O A K Ø B T E
```

KØBTE

KAMP

FUND

RYSTE

GIGANTISK

ANDET

TEKNIK

JAKKE

DRAGE

RYSTENDE

PRAKTISK

INDFANGE

MEDINTRODUCERE

BJERG

HOVED

GENNEMSNITLIG

FARVERIGE

PLEJE

RYSTEDE

EFTERSPØRGSEL

Puzzle 64

```
A  T  E  D  R  O  B  E  V  I  R  K  S  H  I
T  I  B  N  W  U  S  M  R  J  Y  M  P  F  I
T  R  Æ  I  L  V  M  B  G  N  D  E  K  O  C
R  V  L  S  D  S  A  G  I  V  E  T  I  K  O
A  B  Y  W  J  K  K  A  W  Q  L  D  V  U  O
K  W  Z  U  S  Q  D  D  T  L  Æ  O  O  S  M
T  D  T  E  L  E  K  S  E  E  K  M  U  L  U
I  Z  L  G  A  S  E  R  R  J  K  K  O  I  K
V  Ø  N  M  X  Z  B  I  Å  A  Z  S  E  U  G
K  R  I  S  I  K  O  T  R  X  Y  I  T  B  V
P  R  O  F  E  S  S  I  O  N  E  L  S  T  R
B  L  R  Q  E  D  R  Æ  F  D  A  I  R  U  O
T  I  L  L  I  D  I  A  G  O  U  B  Ø  P  L
V  C  I  D  Y  P  U  Z  V  W  X  O  B  P  D
```

ATTRAKTIV	LÆBE
FORÅRET	KED
KÆLEDYR	ADFÆRD
TEKST	PROFESSIONEL
RISIKO	KLODEN
TIRSDAG	SKRIVEBORDET
GASE	KØLESKAB
TILLID	SIND
SKELET	GIVET
FOKUS	BØRSTE

Puzzle 65

```
M Q I A G W Q F M S Z O E E O
S L O N E U P L U G N L K S W
T M R O T S T X X I S A B N S
D Y G I L L I V I R F A R D E
K E Z T E F Y J T R S G T T I
N Æ R K I S D E H E T T E J S
Y X R E M A D F B G X I T J F
D W I S O H A A M S A Q S O O
D Æ K K E H L E A Y U K I G R
W B R H Y L D E L N C K M T D
K E U R E L L I R B L O S I E
A R G U M E N T E R E N G G L
F O R S I K R E K S E N N E M
N E T V Æ R K E T T F G X R G
```

SNART	MENNESKE
HYLDE	BASEBALL
NYSGERRIG	NÆR
SEKTION	ALLE
DÆKKE	ARGUMENTERE
FORDEL	NETVÆRKET
FRIVILLIG	FORSIKRE
SJETTE	DAME
MISTE	TIGER
SOLBRILLER	STORM

Puzzle 66

```
F N U F S T G E S K L U B C O
O N Z K T R T F I Y K G K J M
R K J U A F E O G N K J A O B
E N J Ø R W R R N E S K O V T
K P G Z T Z E S A T S S V Q I
O L J W E O M V L H H N B M L
M P F A N O R I E F M Z X M G
M S P S M I A N R L E K N O Æ
E W D T N N V D E L O J K R N
K E A R T F R E O O S M B B G
N L E T O H G R Y Z J X M L E
E F T E R L I G N E J B Q E L
C G C B L A D A T O M I S K I
M A N D L I G E G A S D E L G
```

LOMME
EFTERLIGNE
ATOMISK
FOREKOMME
BLAD
KLUB
ØJNE
LEDSAGE
SIGNALERE
MANDLIGE

VOKSEN
KJOLE
FORSVINDER
HARE
HOTEL
STARTEN
TILGÆNGELIG
ONKEL
OMTALE
VARMERE

Puzzle 67

```
X  B  J  K  O  C  F  S  K  B  L  I  K  S  H
E  N  R  E  J  T  S  S  D  U  J  Z  Q  Z  V
L  R  N  T  S  E  L  A  N  O  I  T  A  N  A
E  G  F  T  G  A  M  S  Y  R  C  K  B  D  L
V  I  L  J  K  A  F  F  D  G  C  F  R  Ø  P
G  C  W  I  K  X  A  N  M  P  Y  I  Y  D  O
A  J  S  A  R  C  N  C  Y  W  Q  X  L  E  P
Q  U  M  E  U  M  C  V  G  Y  U  Q  L  L  S
M  D  E  H  G  I  D  N  Y  M  X  B  U  I  U
O  R  W  A  M  P  B  T  Y  D  E  R  P  G  M
Y  O  Z  C  Q  L  C  P  S  B  X  S  Z  A  M
X  K  J  M  J  P  S  B  S  L  H  Q  U  P  E
S  K  Y  L  D  I  G  I  Y  Å  G  X  S  W  R
L  A  M  A  F  M  R  E  D  N  Å  D  N  I  E
```

INDÅNDER	FIX
TYDER	AKKORD
BLIK	STJERNE
MYNDIGHED	HVALP
OPSUMMERE	RIS
YDMYG	NATIONALE
SKYLDIG	MUSIKALSK
GIFT	SMAG
BLÅ	DØDELIG
ELEV	BRYLLUP

Puzzle 68

```
D C C E A U Q G V V A M J Y D
L P K S U K N R E T N I N G G
Q Ø A Y A T E K N O L O G I V
E T S D E B E S K O R E N B Å
R A B N V T E P P O T S I K K
E B C A I W B D L P C J V I G
T G B D N N C I J E E N T G G
I C Y R T N G R F O L D N G N
R K H O P T E D N U F C H E Y
R L P V G K V O V S Y Y I D U
I V U H K I A E I K W L W E H
K M I U P I H V I G T I G T X
P I S N Ø D S I T U A T I O N
R V Z A C I U M V V J L P U X
```

FOLD
STOPPET
NIVEAU
FUNDET
ÅBNER
NØDSITUATION
HVORDAN
RETNING
BAT
SUKKER

ROLIGT
KIGGEDE
SYD
HAVE
TEKNOLOGI
VIN
BEDSTE
IRRITERE
VIGTIGT
LØSNING

Puzzle 69

```
U V B E S T Å E N D E F I G G
F D I K L A S S E L G O T X E
B V E O D S T E J O N R S R N
N N E N L Z K P Y V O M F E A
V S O M L E S D N I K E I T N
R E J A T A T O G M Y R E E V
H E R S R Z N S W F I E B M E
T S X S Æ L L D L O H D N I N
A A H E T S Z Y S Y Y S O R D
D G L R F N N Q L K R Ø M E E
G W L E M M O K N A E O L P L
H G F S R C I R K U L Æ R E I
U S T U D E R E N D E Q Y Q G
J W G E N T L E M A N A U J S
```

PERIMETER
INDSE
MØRK
VOLD
VIOLET
GENTLEMAN
TALER
TRÆT
STUDERENDE
HER

MASSER
CIRKULÆRE
ANKOMME
FORMERE
UDENLANDSKE
BESTÅENDE
GENANVENDELIG
KLASSE
INDHOLD
KONGE

Puzzle 70

```
A O S N D K Z N O I T K A E R
G N I N M Ø V S R G E M E L E
E Q T H X L Z Y T N V O J K G
W K B A F D F L V O A D P A A
S Y G E G H I I T R H E W R L
C H I P S E N U H E K N P X E
D E P R I M E R E R J B V C T
G F A J H T Y L T E Y L H O I
A K T I E T T G V M Z K F V T
R C Q K I W I N Q G I L J E D
T I A H U A C V N V A I W O N
U U K G F N Q I C W C V L X A
L O R X S W K B D G I D E G R
F O R T J E N E S T E H Y T G
```

DEJLIG	IGNORERE
SYGE	LAGER
TITEL	LYS
RAKLE	TRO
FORTJENESTE	TUR
AKTIE	GRAND
GAVE	ANTAGE
SVØMNING	CHIPS
REAKTION	MODEN
HAVET	DEPRIMERE

Puzzle 71

```
O E F P J G O Y G G U V J I S
I D L H O M T H Q L A K K O P
N L D Z B B L A H W D J A A R
D Æ E K K Ø N O R B E M F E
I N I G R U G D O H Æ S E L D
V G L I S N V E R C F A R Y N
I D L T A S Y L N J F Z Q M I
D E E G L T Z H E K O M M E N
U B D I A E S V V B P A F E G
E I J R T N R E X W S S R D B
L Q Q J N O O V E R V Å G E T
L P U C T A R R A N G E R E L
E A U O I N T E R V I E W B R
J J M R E G U L E R I N G S J
```

KUNSTEN
ODDER
RIGTIGE
ÆSEL
MOTORVEJ
SALAT
LILLE
SPREDNING
ARRANGERE
INDIVIDUELLE

JOB
KAM
REGULERING
ORD
LØG
INTERVIEW
LÆNGDE
HANDEL
KOMME
OVERVÅGET

Puzzle 72

```
U  A  R  T  Q  R  P  T  A  D  I  D  N  A  K
L  D  A  C  Y  U  L  L  I  V  T  F  P  L  N
H  I  K  Z  J  G  Q  R  P  W  Q  M  H  G  A
G  I  K  V  G  X  M  F  W  U  M  G  U  U  P
O  X  I  W  I  K  G  P  R  Ø  V  E  Å  F  P
E  R  E  U  L  A  V  E  K  L  R  X  B  R  E
T  E  M  W  E  Z  F  O  Å  T  E  D  E  E  R
T  T  R  M  D  Q  R  K  T  G  I  L  U  M  E
Æ  A  O  J  N  K  A  Y  V  I  R  H  K  M  S
S  E  N  O  I  T  A  N  Q  T  E  R  N  O  T
D  T  E  C  V  A  S  Y  V  R  T  N  M  S  E
N  Y  H  Z  K  T  N  V  P  U  S  L  T  M  N
I  L  A  D  Y  B  I  R  D  H  Y  Z  F  T  O
Z  Q  G  D  C  W  U  E  N  B  M  E  X  Y  F
```

RESTEN	TEATER
ENORME	NATION
SOMMERFUGL	HURTIGT
MYSTERIER	GÅR
KIWI	KÅL
INDSÆTTE	EVALUERE
MULIGT	SYV
KVOTIENT	PRØVE
KVINDELIG	LADYBIRD
KANDIDAT	KNAPPE

Puzzle 73

```
A R V F M B K O K I G I Z S U
G E O I D A R S Z N Z K B U D
I T Z H S H I X I P I N D N B
S P G E Y T D N E K L E V D R
S O V R P F G D S I V A I H I
Æ K K I P I I K L F J F N E N
M I L H T I Z F E J F U K D G
L L V S E R D O L S K Ø R E E
E E H N B W C P Ø S K I B L A
G H U E B O O R F W X R J E F
E K X S U P E R S O N E N D Q
R J P U K C S E T Y M M C L P
U A J O S E I B V P N F V I R
Q M C O Z A K H Æ R X Y M T F
```

STOF	ELLIPTISK
RADIO	PIND
TILDELE	FIK
FØLELSE	HELIKOPTER
PERSONEN	HÆR
KNIV	VELKENDT
SUNDHED	STIGNING
BRINGE	AVIS
UREGELMÆSSIG	SKIB
SKUBBET	SKØRE

Puzzle 74

```
H  O  L  D  E  S  E  R  D  L  Æ  R  O  F  H
Q  F  J  M  M  R  D  U  E  O  J  Z  A  B  I
K  A  D  J  J  X  E  N  E  G  O  N  J  E  P
U  H  A  E  N  O  K  D  T  I  B  E  N  L  E
K  U  H  E  Y  Z  S  E  C  L  E  F  F  Ø  B
K  S  I  P  Y  T  N  R  V  R  E  L  Ø  F  H
E  Ø  V  K  Z  D  Ø  H  Y  Å  S  Q  H  R  J
F  F  L  B  T  E  C  O  M  E  F  C  O  R  O
N  A  I  I  F  P  A  L  E  S  G  N  Æ  F  R
H  T  L  T  G  E  A  D  R  Æ  V  S  B  Y  T
A  L  T  D  N  T  F  E  F  T  K  U  L  M  E
Y  M  P  U  T  S  R  A  I  I  A  Ø  R  E  T
W  N  D  U  N  D  T  A  G  E  L  S  E  Q  M
F  J  C  Q  Y  W  D  R  E  C  G  Y  W  T  U
```

TYPISK	HJORTE
FALDT	ÅRLIG
HEJRE	ALT
NOGEN	HOLDES
BØFFEL	BEN
ØNSKEDE	SVÆRD
KØLIGT	ØRE
FÆNGSEL	FØLER
UNDTAGELSE	FORÆLDRE
KONE	UNDERHOLDE

Puzzle 75

```
X K F T I K L V D A L L O E F
K Y L L I N G V E T H F K R Ø
A F F Ø R I N G N K D S L R D
T D O G I N V Ø S U U E A I S
A V M S B E L R J H I R V T E
F O R F Æ R D E L I G P E S L
K F F A F S Æ T T E P U R U A
V N D L S B K N Q L O V E A V
R S J E H F J E D A S I N L H
M C R J K G Q R I T I H O G K
Q O C E L L E V E F T T B A J
V Q Z N K W Z H C A I E D H F
R Æ K K E V I D D E V U V Z S
W F A E B S T R L L H N D T A
```

VORES	STIRRE
POSITIV	PRES
AFTALE	SØVNIG
HVAL	ELLEVE
RÆKKEVIDDE	RENTER
AFFØRING	HAGL
KYLLING	LAVERE
AFSÆTTE	FORFÆRDELIG
TOLV	DENS
HUSKE	FØDSEL

Puzzle 76

```
Å  F  B  V  D  R  R  G  V  P  O  V  X  D  K
R  R  Y  G  I  E  Q  F  T  U  V  Æ  H  W  O
S  P  C  B  T  T  C  C  Z  R  S  R  V  Y  K
A  B  I  S  E  E  D  Y  U  R  T  E  E  N  C
G  S  N  A  T  N  L  H  R  E  O  L  R  V  F
M  O  T  W  N  A  C  E  S  O  R  S  I  T  C
M  W  N  Q  E  L  I  W  N  V  E  E  K  Q  J
F  A  S  E  V  P  M  B  D  D  N  Y  T  P  T
B  E  G  I  V  E  N  H  E  D  I  X  X  W  A
O  V  E  R  F  Ø  R  S  E  L  L  G  H  M  B
F  D  J  N  Y  S  Q  K  V  F  Z  J  E  M  E
N  Q  F  Y  L  Æ  Q  H  L  R  G  I  Æ  K  L
X  E  N  O  I  T  A  U  T  I  S  L  T  C  W
W  Y  F  G  H  V  N  Z  M  Z  K  O  R  T  E
```

VÆRELSE	ÅRSAG
KORTE	KOK
HVER	SITUATION
MONSTER	ELENDIGE
PLANETER	RYG
PURRE	SÆT
TABEL	FASE
BEGIVENHED	VENTETID
OVERFØRSEL	MÆLK
TYND	STORE

Puzzle 77

```
F D E H G I L U M O W Æ A K O
G N T L T D V X I V Q D T A G
Q E T K X Y I R R E Y L L M U
U F U I F K V L S R O E E P G
S N R R K T J N Y R K M T A D
I T P E A E Q K G A B P I G K
N R S R L K N C T S R J K N N
S Æ K E Q S D L C K E O K E M
P N Æ N D A L Q G E G A Y A X
I I L I R K C J C L A Y T A G
C N B F A J A V O S T P B N L
E G E E L L I P J E L A U U C
R B I D B E N Z I N E R U P C
E E K S T E R N E I D K B G Y
```

ÆDLE	KAT
EKSTERN	PILLE
OVERRASKELSE	BENZIN
BLÆKSPRUTTE	DELTAGER
KAMPAGNE	ROYAL
KRAT	MULIGHED
PARK	TRÆNING
BAG	ATLETIK
END	KASKET
INSPICERE	DEFINERER

Puzzle 78

```
H F A K T I S K S E J C A G L
B A P X O X G G P L E K R I C
H V N Z B R E T T A F R O F M
Y E A D K A L K U N I H S X Y
G L E G L Æ V W S E T J S D X
A K G H Z I E R D I E E E L Q
S O Æ I F D N N E R G M F W X
O M L V V N E G K P Q I O H J
L M A Z U S E R R Y T S R O F
O E Y K Y H T L Æ V D O P A R
Y N S L X H S X T B P H D N F
L D D S X L I Z S F R E M A D
C N L I D D V G L Æ D E L I G
I W O A I F I R K A N T E T F
```

VÆLGE
PROFESSOR
VISTE
FAKTISK
CIRKEL
INDLYSENDE
LÆGE
GREN
KALKUN
HANDLING

FORFATTER
VELKOMMEN
STÆRK
FORSTYRRE
FIRKANTET
GLÆDELIG
FREMAD
HJEM
GIRAF
SOLO

Puzzle 79

```
R E R E T S I S K E B Å R V H
V R N I I A Q C D R P N H L F
I C R Q K Y R L H E T M Z Q O
R E G I P C O F E R Q N Æ O R
K K L O Q H E N L I R H M K H
E K S N E N Å M D P A S L T A
L A D B E W B N I S Q H U U N
I H B D A A S O G N K E K S D
G N I N G A B F I I S S S I L
H H U S T T C B Z S I P U N E
E L A F E B N A I U R Ø S D W
D M A Y Z P D D Q R F R Y B H
N Ø D V E N D I G U U G S E M
K O N F E R E N C E Z E U N D
```

KÆMPE
KONFERENCE
MÅNENS
NØDVENDIG
VIRKELIGHED
RÅBE
BAGNING
BEHOLDE
LUKSUS
ANBEFALE

HAKKE
HELDIG
TUSINDBEN
EKSISTERER
PIGER
DISSE
SPØRGE
INSPIRERE
FRISK
FORHANDLE

Puzzle 80

```
F  S  N  E  I  D  E  R  G  N  I  M  U  K  S
O  M  U  S  K  O  L  E  T  A  S  K  E  V  Z
R  Z  N  B  P  E  R  S  O  N  L  I  G  A  S
B  R  B  Y  S  Z  F  E  Y  Y  L  D  F  L  V
L  E  D  I  S  T  E  K  K  Æ  D  I  G  I  A
I  G  G  C  X  T  A  H  H  R  C  P  A  F  G
V  N  Z  Y  V  S  S  N  O  G  P  L  F  I  D
E  B  J  I  E  V  F  F  T  B  G  O  E  C  N
X  U  S  Å  L  E  D  E  S  I  N  M  Q  E  D
L  E  P  M  I  S  L  J  Y  M  V  U  S  R  E
N  Æ  S  T  E  N  O  W  P  I  J  O  L  E  S
E  S  R  Z  B  S  H  I  F  T  P  Z  J  U  I
O  D  A  L  B  B  P  Q  P  U  J  O  Ø  S  G
J  Q  Z  J  X  Z  O  J  A  W  U  Y  H  D  N
```

SVAG	HØJ
DÆKKET	SUM
SKOLETASKE	SIDE
DESIGN	SJOV
DIPLOM	OPHOLD
INGREDIENS	SÅLEDES
FOR	NÆSTEN
REGNBUE	PERSONLIG
KVALIFICERE	SUBSTANTIV
FORBLIVE	SIMPEL

Puzzle 81

```
E  R  U  D  E  C  O  R  P  B  P  P  F  X  K
U  T  H  M  R  E  D  N  A  T  S  D  O  M  D
H  S  R  I  O  P  J  G  A  O  N  V  R  K  X
B  A  S  T  M  U  R  R  L  M  N  R  M  Y  P
V  L  S  A  Q  D  E  B  S  M  Q  M  O  Q  U
T  P  A  P  M  E  R  U  X  E  O  I  D  M  P
R  B  G  N  M  T  R  E  E  R  D  N  E  Y  C
N  G  S  J  D  N  A  M  R  A  F  E  D  D  L
H  V  E  R  K  E  N  L  B  G  M  N  E  E  O
O  G  N  I  L  O  P  S  E  G  A  B  L  I  T
R  E  G  E  R  I  N  G  S  T  I  D  M  E  S
G  W  T  Q  F  A  L  D  S  T  R  A  K  S  I
I  N  T  E  R  A  K  T  I  O  N  G  U  F  P
U  D  F  O  R  D  R  I  N  G  G  C  V  F  E
```

FORMODEDE	BLAND
UDFORDRING	VARME
PROCEDURE	MOR
TOMMER	PISTOL
MINEN	FALD
MODSTANDER	PLAST
SAMTALE	INTERAKTION
STRAKS	NARRE
TILBAGESPOLING	HVERKEN
FARMAND	REGERINGSTID

Puzzle 82

```
T  I  L  L  A  D  E  K  U  Q  O  F  G  D  S
N  C  G  S  U  D  L  O  B  D  O  F  R  R  B
F  C  Z  C  T  E  K  K  U  R  T  A  M  O  T
F  O  R  F  Ø  L  G  E  Æ  M  E  V  Q  N  P
L  I  G  E  S  O  M  L  S  S  I  C  R  N  D
S  T  O  L  T  G  D  D  Æ  E  N  B  F  I  B
S  P  I  D  S  E  Q  L  E  S  N  E  P  N  L
H  N  F  V  R  V  B  A  C  Y  K  L  E  G  Æ
R  A  T  L  D  B  T  E  M  Å  N  E  D  C  R
F  I  S  K  E  Z  Y  N  N  V  I  J  Z  J  T
R  M  N  N  O  I  T  I  D  E  P  S  K  E  E
W  C  M  J  Y  S  R  L  O  Q  C  K  X  O  T
M  Æ  R  K  E  L  I  G  S  T  E  S  G  Q  E
Q  V  H  E  B  X  B  B  E  G  S  T  V  B  H
```

MÆRKELIGSTE	TRUKKET
PENSEL	TILLADE
SPIDSE	CYKLE
SCENE	MÅNED
FODBOLD	TOMAT
LINEAL	FORFØLGE
LÆRTE	FORÆLDER
EKSPEDITION	FISK
DRONNING	STOLT
BLÆSE	LIGESOM

Puzzle 83

```
P N M O V E N S T Å E N D E M
R P G I L Y N Y X W E P O K O
O H G F L K G E T V A A K N D
J F M G K J N V I S N I N G I
E D E V H E Ø B V I M S E N F
K T I D P V I M D N M K V I I
T A S G L U H Q E V M U A N C
R Æ B E S R I K I O I K P D E
H E J C J Z V C C L D A E O R
I D M S N Ø U J D V D N S M E
V F Å Y D W H X D E A E T N R
J Z L B R Æ N D E R G L I A Z
T Z E S X V B P B E M W V Q F
M B T G H V F R A G M E N T J
```

STIV	HEJ
BRÆNDE	PROJEKT
VISNING	PEN
ANMODNING	HVEDE
HØJESTE	NYLIG
MILJØ	INVOLVERE
MIDDAG	MÅLET
KIRSEBÆR	VEJ
FRAGMENT	MODIFICERE
KANEL	OVENSTÅENDE

Puzzle 84

```
B E S K R I V E M I S R P G S
K L V V Q M O P L A M D V J Z
W I T K D J F J Q B A X S S M
E M J I K N Å E D E J M M I T
R S W Y A K A M E L Ø C N P W
B Y W X L A L T E R N A T I V
X E V F D L I U F S I X M S X
P I R L E V E L R E V O Ø K X
C J Y E T T Æ N K E S X T C E
H D F H G L A V Y R D J D M A
E U F U G N L I L T N B O L D
H O P P E F E S Y G I M L P O
R E A G E R E S L H P Z W S Q
N S O V E V Æ R E L S E S Q R
```

ALTERNATIV	ILD
VALG	MAJ
SOVEVÆRELSE	PINDSVIN
BOLD	KALDET
OVERLEVE	SMILE
REAGERE	HOPPE
TØMT	NÅEDE
BESKRIVE	TÆNKE
ADLYDE	BEREGNE
KAMEL	SMØR

Puzzle 85

```
F  R  I  H  E  D  H  L  Æ  K  K  E  R  K  B
L  E  A  K  N  C  J  Å  Q  Y  M  Y  J  A  U
N  S  U  Z  G  F  J  T  R  A  X  T  Z  R  D
S  L  S  A  I  U  X  P  T  D  Y  T  T  R  V
P  Ø  Y  N  L  Å  M  S  G  R  Ø  P  S  I  I
M  P  N  K  N  S  P  I  S  E  L  I  G  E  K
X  O  L  V  E  O  N  V  P  F  D  U  G  R  L
S  Y  I  F  M  M  K  A  F  F  E  P  Z  E  I
K  K  G  S  M  V  A  W  P  B  I  Q  C  N  N
L  X  A  K  A  E  N  H  F  A  R  V  E  A  G
I  R  D  T  S  N  E  L  E  K  T  R  I  S  K
M  V  J  L  W  D  F  X  K  W  C  C  R  N  F
A  F  H  O  B  T  G  N  U  T  M  K  U  F  S
D  W  L  Y  K  K  E  L  I  G  S  T  E  L  C
```

LÆKKER	PØLSER
FARVE	HAM
KARRIERE	UDVIKLING
ELEKTRISK	FRIHED
SAMMENLIGNE	HÅRD
KAFFE	LYKKELIGSTE
TUNGT	SPØRGSMÅL
SPISELIG	USYNLIG
KLIMA	SKAT
DUG	OMVENDT

Puzzle 86

```
E  F  F  U  K  S  N  E  M  O  H  R  B  S  H
K  L  N  O  I  T  A  R  A  P  E  R  K  O  A
H  T  E  P  Q  R  K  G  Æ  L  D  E  R  K  L
P  P  G  M  E  I  H  O  I  R  R  Q  A  K  C
K  E  D  D  E  U  E  G  S  Z  Å  G  B  E  Z
H  B  L  B  L  N  I  J  V  E  G  U  Y  R  E
R  A  F  G  V  Ø  T  S  A  R  T  N  O  K  K
K  G  V  T  S  G  L  E  M  M  E  F  A  H  G
T  A  N  D  P  A  S  T  A  K  R  E  U  K  C
M  T  L  K  X  T  T  R  D  I  K  N  H  L  O
P  D  Z  G  T  B  J  Æ  C  X  M  S  J  G  A
I  N  O  I  T  A  K  I  L  P  I  T  L  U  M
J  Å  U  W  G  I  F  T  E  L  O  H  N  R  Z
Y  H  X  L  H  B  E  S  L  U  T  T  E  E  K
```

RELIGIØS	KONTRAST
BARK	REPARATION
SOKKER	ELEMENT
MENS	SNEFNUG
SKUFFE	TANDPASTA
GLEMME	HAL
HÅNDTAG	KALDER
GÅRD	GIFTE
ÆRTE	MULTIPLIKATION
GÆLDER	BESLUTTE

Puzzle 87

```
G  I  L  E  S  D  U  L  P  U  X  R  D  F  E
N  Z  G  S  E  T  T  V  E  V  A  G  P  O  C
I  Z  Z  Ø  X  R  O  A  R  N  H  Æ  C  P  Y
N  J  B  L  M  F  N  U  E  N  R  V  C  N  J
K  B  D  R  M  W  M  H  C  K  Y  K  Z  Q  A
L  E  T  W  S  S  T  Q  I  Z  F  Q  I  C  N
O  D  J  E  K  L  Z  D  F  H  C  S  Z  L  L
F  R  B  Q  E  I  D  S  I  K  R  A  B  B  E
E  Y  W  P  D  I  G  E  T  D  L  Y  F  P  O
B  R  M  U  N  G  N  I  N  F  C  Z  Y  N  I
W  I  F  G  I  E  D  N  E  V  Ø  D  U  H  E
S  E  P  P  D  N  A  M  D  N  A  R  B  J  Z
A  R  T  I  K  L  E  R  I  E  F  F  E  K  T
V  A  N  E  D  I  S  K  U  T  E  R  E  W  E
```

EFFEKT
KIDDING
VANE
KRABBE
UDØVENDE
OPGAVE
INDEKS
BEFOLKNING
KVÆG
SIMPELTHEN

FØR
LET
PLUDSELIG
OPFYLDT
ARTIKLER
UNG
LØSE
BRANDMAND
DISKUTERE
IDENTIFICERE

Puzzle 88

```
F T E G B V I M F A R G A E B
I O H I J S V V A E C Y N D E
H U C B M F G I M C X Å R N D
C K R Z E B G R G X M I T I R
P S U W F T Æ I S Æ R B E W A
O B E D R N E L M I H B J P G
L A T T E R L I G E A B N F E
A J T L T A Q D U K W O I A S
G J Æ C S V Q L S X R K L N L
T P S T M S I N D E N F O R E
E P D O O R T Æ N K E R B H D
E G U L L O V A N D M E L O N
P Æ N F B F M B U C A F H O Æ
S U B C O M P A C T N Y M K H
```

GALOP
TÆNKER
HÆNDELSE
LINJE
INDENFOR
UDSÆTTE
NÆRMER
INDE
HIMLEN
BEDRAGE

LATTERLIGE
ISÆR
SUBCOMPACT
GRAF
SKABE
PÆN
VANDMELON
FORSVAR
MÅNE
BLOMSTER

Puzzle 89

```
G K O E K N N Y M B V N O O R
J S E S F I P O Ø T C W F Q R
Y Ø J F S Z M L R B E G H N K
P N R E D D I S E D N A S O O
N D F T I K H H G R A D V I S
C A O L S F X N W D I U W S D
L G J E K K I S L O S B A R N
F E X M M T Y P E N N M D E S
T D S S A S T A N D A R D V V
A G M S N J C I T A T K B U D
B A T B U V I F T E N T P Y N
D S S M E R E S T A U R A N T
S W V D L G T S G N A F H D Y
K O M M E R C I E L L E F R Q
```

BARN
VERSION
SMELTE
VIFTE
SIDDER
SAGDE
KOMMERCIELLE
SØNDAG
STANDARD
MANUEL

SKILØB
TYPEN
GRADVIS
FANGST
SOLSIKKE
CITAT
NORD
SAND
TRUSSEL
RESTAURANT

Puzzle 90

```
X Q U K M V O T F N E S Æ L V
V X J E I R Y J J E G A K E A
O Q K P G C E K K A B V A L A
U F E Z L E R G D N I V E I V
R C H P Q T S N E L K I T R A
Q W L I O E A I B Z M H B E D
W B D Z X M O N Å L T O U K M
A Q T K T M D E R A S T O S S
C T Y P S A Z M D Æ R Y K I R
R X B I I R R E T R A P Y F A
C J A R R G H T E T I L A V K
G F I M G O E R D N I H R O F
N E K K Æ R I N D S E N D E D
P C W M E P K R A M M E D E S
```

BOSÆTTERE	INDSENDE
MANDAG	MENING
RÆKKEN	BAKKE
KAGE	SAV
VIND	ARTIKLEN
FORHINDRE	PROGRAMMET
DRÅBE	KRAMMEDE
PIGE	KVALITET
LÆSE	PARTER
GRIS	FISKERI

Puzzle 91

```
S  G  N  I  L  V  Æ  R  G  L  X  P  P  O  G
T  Æ  N  K  K  Y  P  U  G  Y  B  F  M  I  E
R  T  A  J  E  L  F  O  R  N  Æ  R  M  E  N
Å  R  N  C  A  N  D  Y  I  D  N  I  H  D  N
L  E  D  N  O  I  T  A  N  I  B  M  O  K  E
E  K  I  B  U  G  B  M  T  O  C  U  O  O  M
N  R  N  J  I  T  A  P  E  F  P  L  O  F  S
D  O  N  P  S  Ø  G  E  R  D  R  D  A  T  I
E  F  P  I  Y  X  U  C  R  G  L  H  K  E  G
H  Y  I  L  H  P  S  L  U  H  X  O  D  L  T
H  N  Y  H  E  D  E  R  P  A  S  U  M  G  I
Z  K  M  S  T  A  V  E  T  N  M  H  R  Ø  G
P  A  F  M  U  S  E  U  M  S  U  G  E  N  E
P  A  C  A  D  W  G  K  V  I  G  D  C  L  O
```

OFTE	GRÆVLING
MUSEUM	PLAN
HYPPIG	PONY
STRÅLENDE	GÆT
INTERRUPT	KNÆ
GENNEMSIGTIGE	HANS
KOMBINATION	STAVE
NYHEDER	UGE
NØGLE	SØGE
FORNÆRME	FORKERT

Puzzle 92

```
A N Q E I P M P A T R O K H M
N M P A Q Æ U F J E D Æ L G E
Ø E E Y E R I X S V N Z V K N
J N I R G E D P D Z B V I U I
A G N O I J E T A Å J S R N
G A F T L K M R O B F D K S G
T N A O T T A B E D H V E U S
I G K M N C V N L O V A L S L
G X T F E G H N S U K N Æ P Ø
H L U N S Y E M R K L T D W S
E M M G Æ K Q D V G H E E T T
D B A P V B F I R E V R R M Y
K L A S S E V Æ R E L S E T G
D A F J O L L E T Q G S U I P
```

NØJAGTIGHED   VÅBEN
FAKTUM   ENGANG
MEDIUM   DEBAT
MOTOR   RESPEKT
MENINGSLØST   LOV
VANTER   VÆSENTLIGE
AMERIKANSK   VISKELÆDER
KLASSEVÆRELSET   FIRE
PÆRE   FJOLLET
KURSUS   GLÆDE

Puzzle 93

```
I  G  I  I  W  O  X  A  A  S  P  Z  A  B  B
Q  R  V  D  R  D  O  Z  F  T  R  B  F  L  P
L  A  A  U  Z  W  D  F  F  R  Æ  W  H  N  G
F  D  K  V  G  E  N  D  A  A  M  H  A  A  U
V  D  X  R  S  T  I  L  L  D  I  K  N  S  L
A  F  V  I  S  E  C  V  D  I  E  P  D  T  E
G  R  Æ  S  H  O  P  P  E  T  B  I  L  Ø  R
A  B  B  E  V  Y  L  F  Q  I  Æ  N  I  V  O
F  E  M  T  H  K  W  K  G  O  R  V  N  T  D
F  R  E  D  E  L  I  G  E  N  E  I  G  Å  F
T  G  K  N  X  O  O  J  A  E  K  T  R  R  D
E  N  T  E  Q  F  V  L  H  L  A  E  J  E  C
T  A  V  K  D  U  F  J  Y  L  J  R  V  B  O
P  R  V  D  B  K  D  F  T  E  R  E  V  S  G
```

AFVISE	FEM
STIL	TRADITIONELLE
FOLK	PRÆMIE
ANGREB	INVITERE
STØV	VAR
AFHANDLING	FREDELIGE
TÅRE	GRÆSHOPPE
FLYVE	AFFALD
GULEROD	KENDTE
GRAD	BÆRE

Puzzle 94

```
U D V I D E J D N E U C D X T
F O R M E L T N O L L A B E D
O E N V E E D Y S B T V S V O
V C O K F L G U Æ Æ B M S S M
E Y I M U W J W S Z R E K W I
R S S T E N O M E N A Y L V N
B P U P G N V Z G Q N N U T E
E K L A R T I J A D G W K N R
V I K Z Ø E K N T O D K B H E
I W N R G G D E G I T S P O N
S P O M L E F E G S W L A Z D
E D K F W M P G V T L Z C L E
A C C E P T E R E C J Ø J A X
E L E N D I G H E D P C S T I
```

ÆBLE
ELENDIGHED
YDEEVNE
TAGE
BALLON
DOBBELT
SKYNDTE
KLART
MEGET
KONKLUSION

MENINGSLØS
GØR
UDVIDE
DOMINERENDE
FORMELT
ANEMONE
OVERBEVISE
ACCEPTERE
SÆSON
OPSTIGE

Puzzle 95

```
X E H G G K F J X C L K V A T
K A P I T A L U G R D E N R Æ
E T S I L D R O N R E G E K N
T V T S F Z M R I K K G R T K
O B I H D H W E N A T N I I T
I K T G J B J D T T F I W S E
L S R T G U Q A Æ Q U R O K J
B D Å P R D I L S N L E N N D
I U I O P I W L T N D T H P E
B J J A M C S I A C Y S O Z R
S T J Æ L E O T U A B E S P T
X M O K D O W L D Y P V T S N
K C W F U U J X E U D N N D M
A L L E R E D E N E U I O Z T
```

TILLADER	ORDLISTE
TRIST	EGERN
SÆTNING	INVESTERING
TÆNKTE	WIRE
KAPITAL	UDEN
STJÆLE	TAK
ALLEREDE	TREDJE
GIVE	ARKTISK
FUNKTION	ÅRTI
BIBLIOTEK	LUFT

Puzzle 96

```
R O X Z H P U B R E L E J E S
I O P Q Y U X R M T R D O M K
D P R Y L N Q F O E E Y R B R
H O B B Y P O G K R G K D E I
A F A D E P G I Æ M R S B D V
D L F L J A N D V Y O Y Æ S E
E A K I X U A O K K B A R M L
R P F U M M S M A E U D C A X
Z O T M K N U D E B Y P N N B
P L O D N E K S R E F Z M D K
T K N L W T I N A L P S D I T
N E G A T D N U U T G T N K C
Y P M I V T G I L R E D Æ H C
Z K L A B I L V H Z O W H I Z
```

SKYDE
UNDTAGEN
BEKYMRET
TIDSPLAN
TEMA
JORDBÆR
SKRIVE
KNUR
KOMMUNIKERE
EMBEDSMAND

HOBBY
ALF
FAD
KNUDE
FERSKEN
SANG
HÆDERLIGT
BORGER
VÆK
MODIG

Puzzle 97

```
B H S X C Q V E M E H B W K O
U U M H H H C I W D N A S A V
T S A F Q Q E L L E P L H R E
I P L X R D E X D K C U K S R
K I B P R S G N Z X Å C T E R
L E U R D S O T D Y H R M L A
K G W X W C D S W E Y P A M S
R Æ F L Y V E N D E L A N O K
A L N H C P R I N S F I Z R E
M D K G M H J C N I Q O G T D
D N F R U N Y R H C J K K E E
L A D S N R Q Q V Æ F O A A J
I T Y L S B U I P R M M E V H
V Z N P M C Q G I P S Q G J E
```

HVEM	KARSE
FLYVENDE	MAN
DRUE	PRINS
TANDLÆGE	OVERRASKEDE
TROMLE	KÆNGURU
VILKÅR	VILDMARK
PRÆCIS	ENDELIGE
GOD	BUTIK
HUS	SMAL
KOM	SANDWICH

Puzzle 98

```
S  T  M  F  Y  M  Q  Q  K  G  K  I  I  N  O
F  G  X  I  Y  A  N  W  K  F  M  F  E  Æ  R
P  G  R  E  R  Ø  H  L  I  T  V  D  D  V  G
B  S  Y  G  D  O  M  R  H  I  A  Ø  O  N  A
N  D  P  I  N  X  Q  L  U  L  Q  L  T  E  N
Y  U  Q  L  X  N  Å  N  P  O  U  G  E  R  I
F  G  P  D  O  W  E  I  C  E  H  N  M  E  S
A  A  I  Y  G  V  P  N  S  Z  B  V  E  G  A
Q  T  A  S  S  M  F  A  S  X  R  E  M  I  T
H  C  T  A  B  Y  P  K  P  K  O  R  V  S  I
B  Æ  B  A  N  G  E  N  O  R  U  T  A  N  O
M  D  L  E  M  L  E  U  K  Z  H  B  Z  W  N
P  C  O  D  U  J  C  D  Q  W  S  P  B  P  N
P  V  J  Z  E  G  I  N  E  F  F  S  Y  E  M
```

TIMER	KANIN
SKUBBE	MEL
SYGDOM	NÆVNER
OPNÅ	HÆLDE
DUNK	BANGE
ORGANISATION	BATCH
SYDLIGE	ENIGE
METODE	PLADE
TILHØRER	SIGER
GLØD	NATUR

Puzzle 99

```
H Q B Q W L D A W T F D A D P
Å A W G E U V G C Y B P Q Z G
R S P G Y G B V E J E R H E L
D A N K R I T I K B E W Q G J
T E A Z V E R E T S U J K P D
A N R E O B E B T K W Z L K J
L R E J N I L S G N I N T E R
L E N V P P L I V L A B T R H
I D A E I A I V Æ R J E O O C
G O E V T S R E S E Z E N L J
E M N M G A B B K W M R V K H
V E T Z U H F J E L O I B L C
E V A N S K E L I G T M C O I
L B J I L F B A X R R Z H F X
```

VÆSKE   FOLKLORE
RETNINGSLINJER   MODERNE
HÅRDT   BEVIS
VEJER   RIM
VANSKELIGT   KRITIK
ARENAEN   BEBOER
BAR   VIS
BRILLER   ENGEL
GUL   JUSTERE
HEL   ALLIGEVEL

Puzzle 100

```
C T Q O I E V H U P N Y G É Z
R D R S K M B B D G C N L R K
I K E N R Q N Z S C A E P O M
V O D Y L A E O E D G S N T R
E O X P V X P R E I L I M A F
L B Æ R B A R E N F F P M M S
L E J E L T A F D E H L I T S
Y T Y L D A A R E D L A I P Y
K O A B D E M O N S T R E R E
K N F Ø E N G A N G S R Y D J
E C Ø M R O T Z H N X O Æ U Z
T N L S K O N T A K T J Y V M
K X G N Q X O K R Æ V E S G E
S A M F U N D E K R A M U L E
```

BÆRBARE	GAS
ENGANGS	STILHED
FØLG	LEJE
VÆRT	SAMFUND
KONTAKT	FAMILIER
UDSEENDE	DEMONSTRERE
MARKED	MØBLER
TAXA	KRÆVES
GELÉ	VELLYKKET
ALDER	NOTEBOOK

Puzzle 1

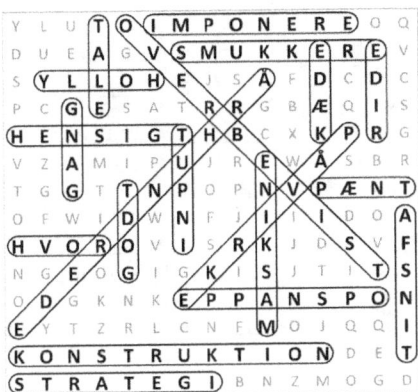

Puzzle 2

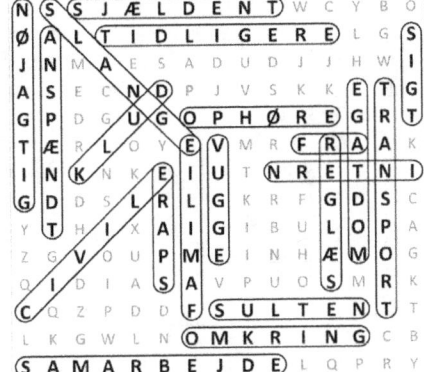

Puzzle 3

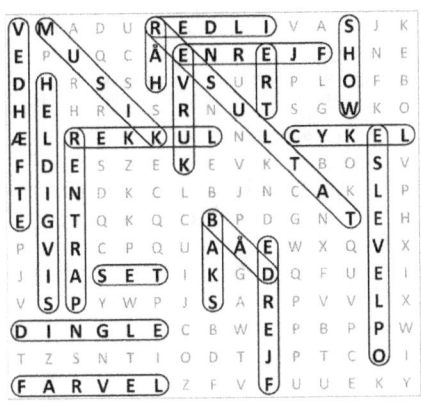

Puzzle 4

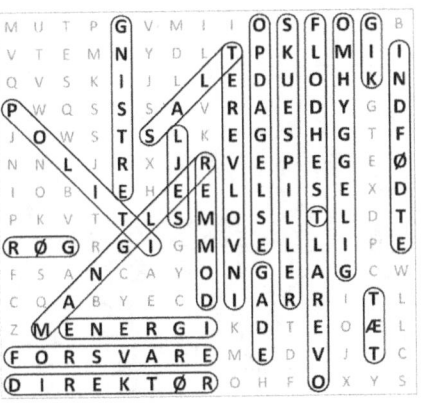

Puzzle 5

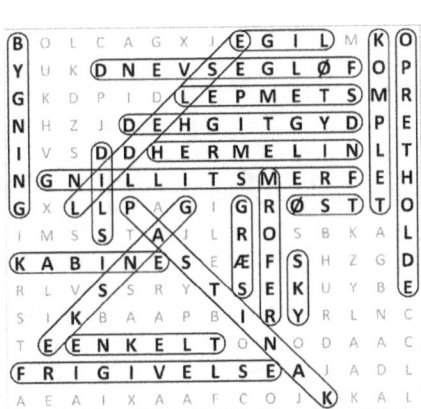

Puzzle 6

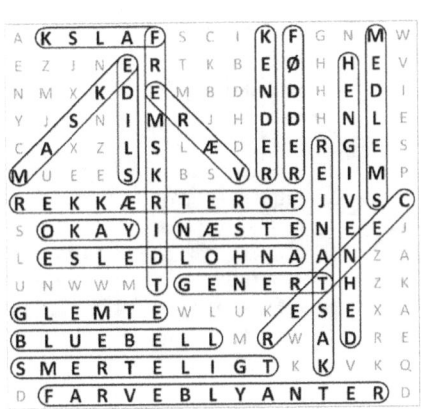

Puzzle 7

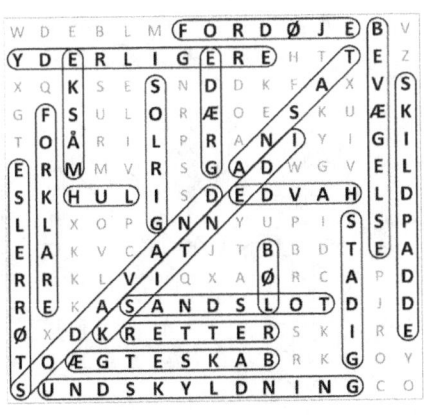

Puzzle 8

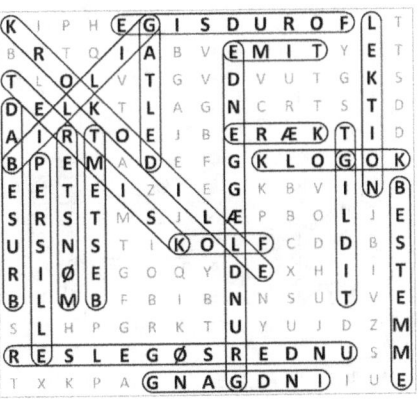

Puzzle 9

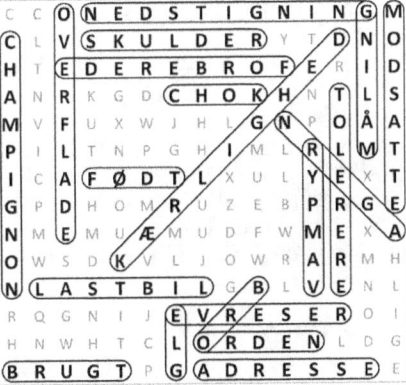

Puzzle 10

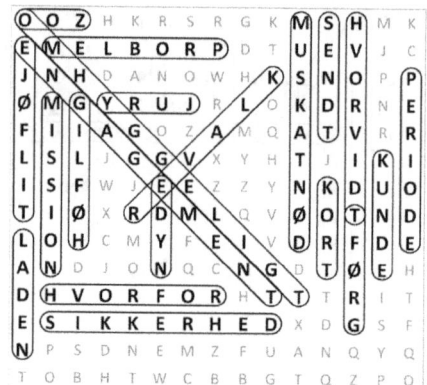

Puzzle 11

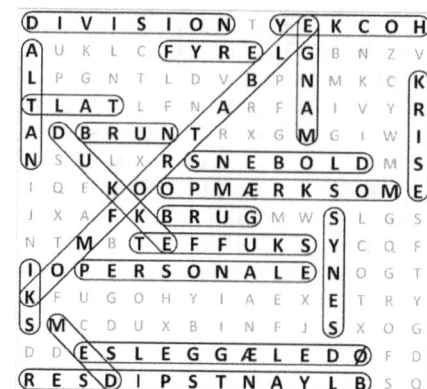

Puzzle 12

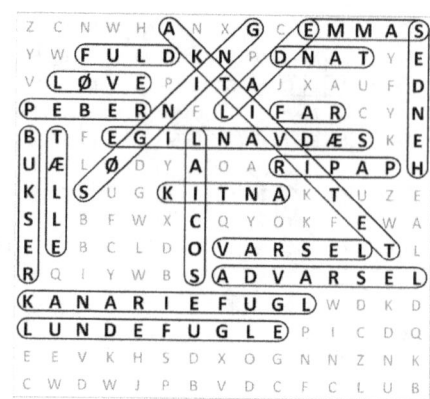

Puzzle 13

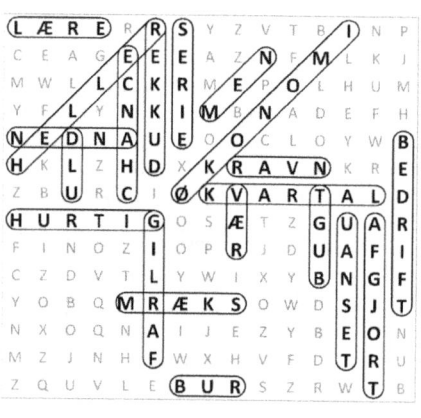

Puzzle 14

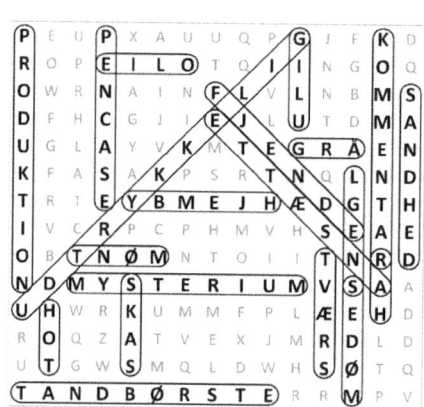

Puzzle 15

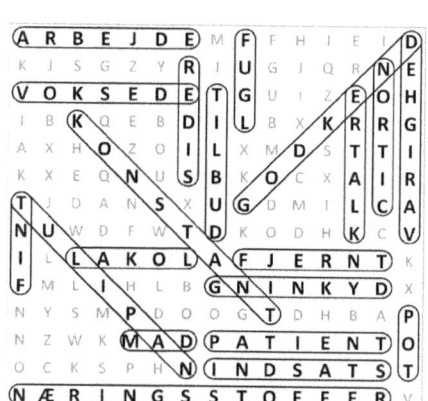

Puzzle 16

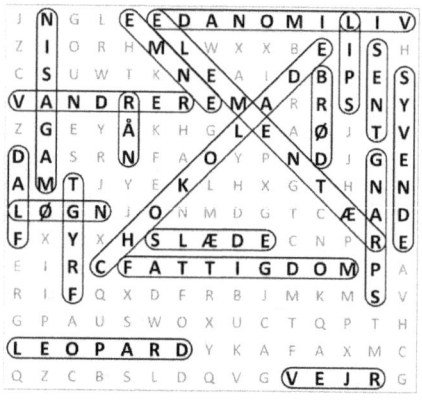

Puzzle 17

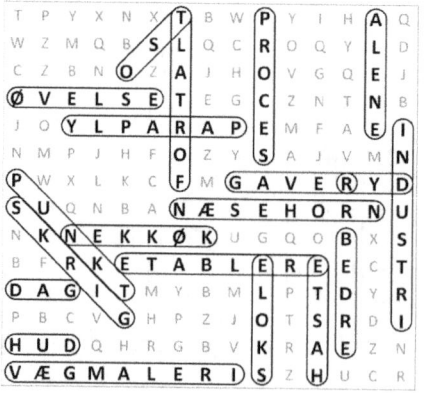

Puzzle 18

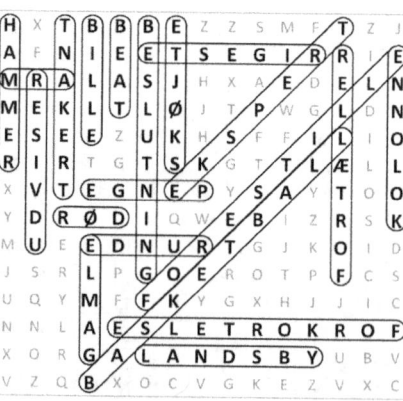

Puzzle 19

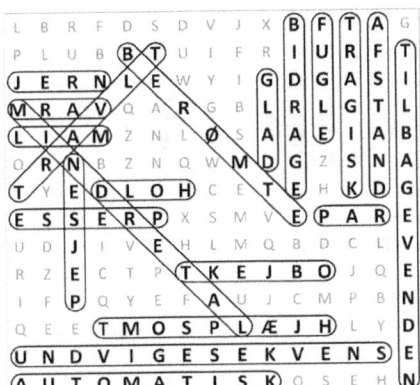

Puzzle 20

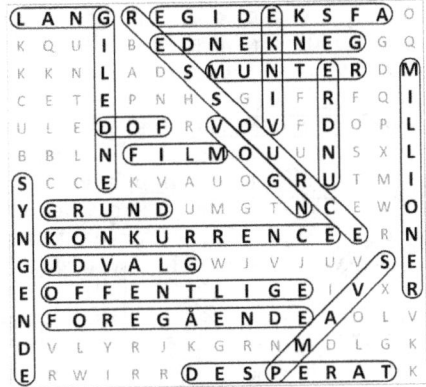

Puzzle 21

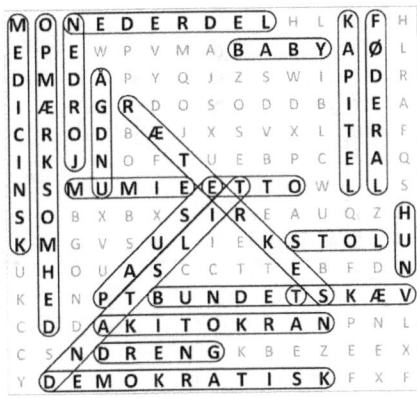

Puzzle 22

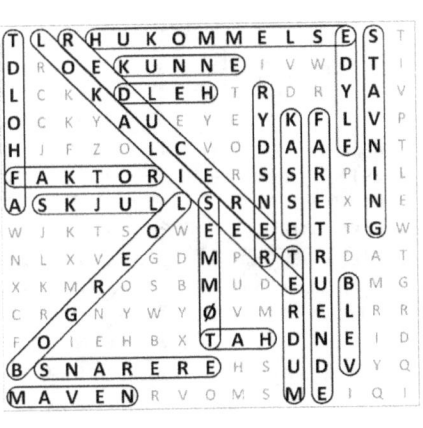

Puzzle 23

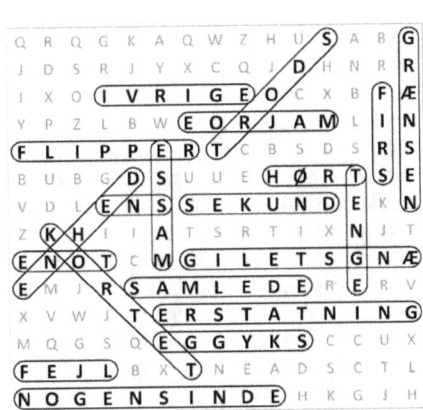

Puzzle 24

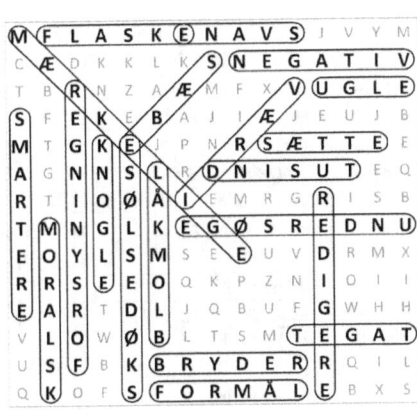

Puzzle 25

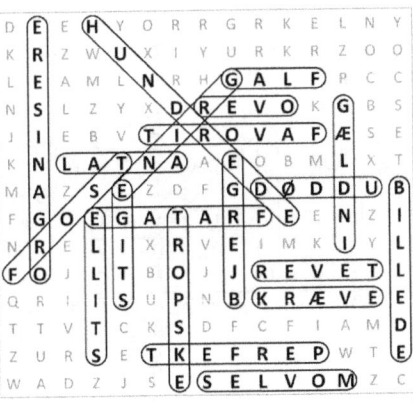

Puzzle 26

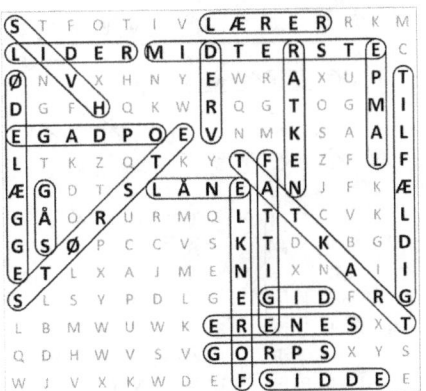

Puzzle 27

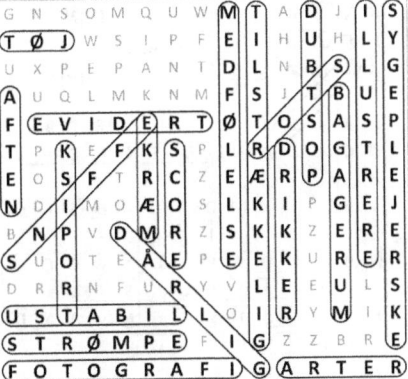

Puzzle 28

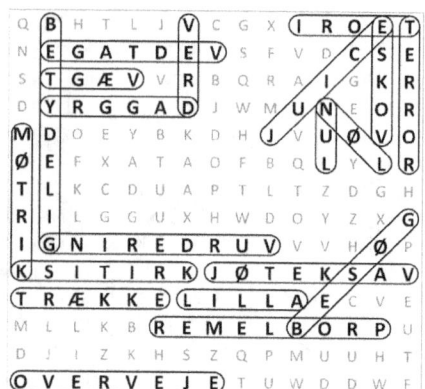

Puzzle 29

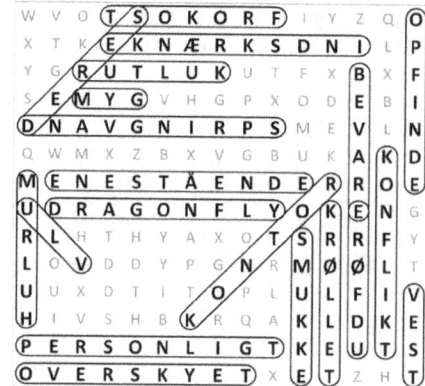

Puzzle 30

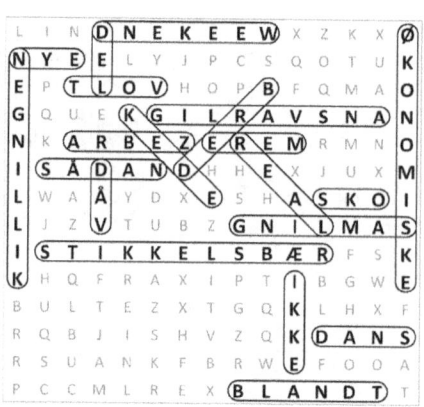

Puzzle 31

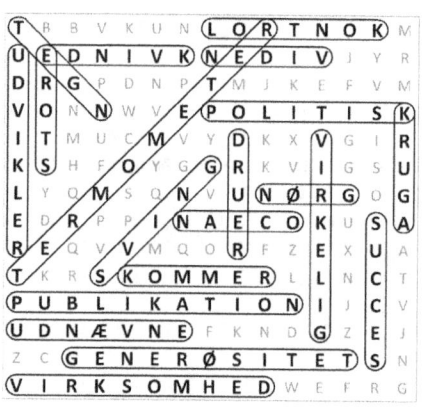

Puzzle 32

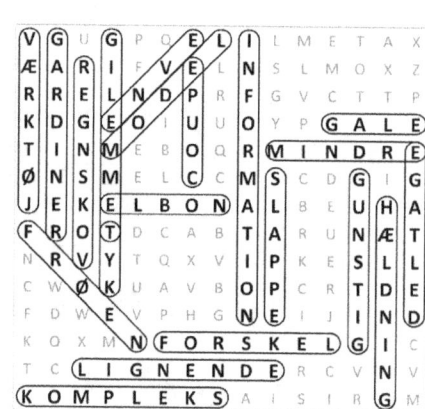

Puzzle 33

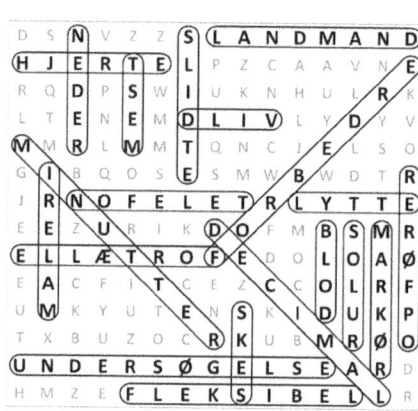

Puzzle 34

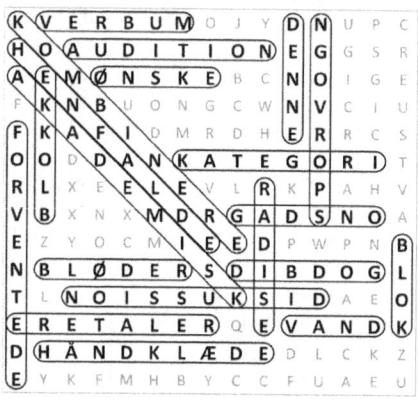

Puzzle 35

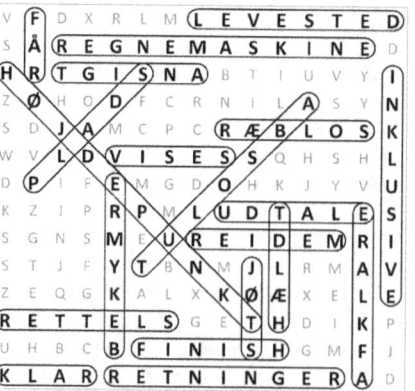

Puzzle 36

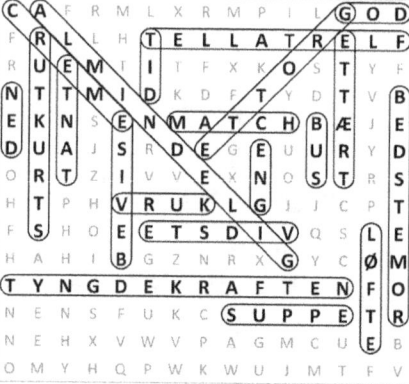

Puzzle 37

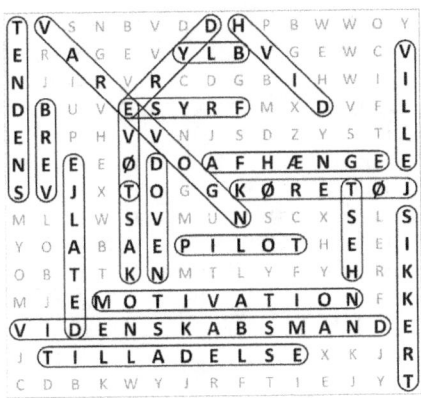

Puzzle 38

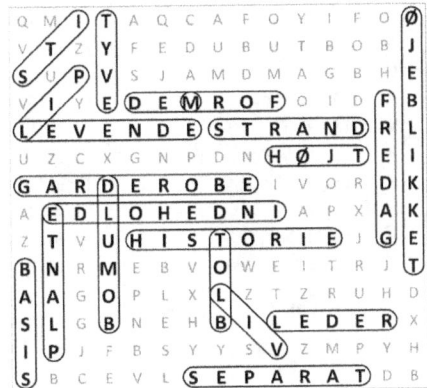

Puzzle 39

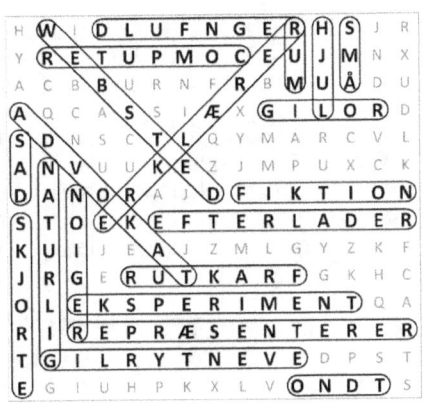

Puzzle 40

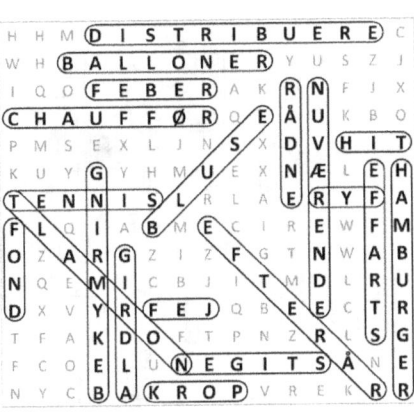

Puzzle 41

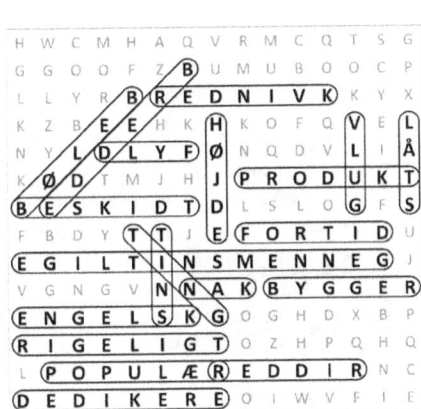

Puzzle 42

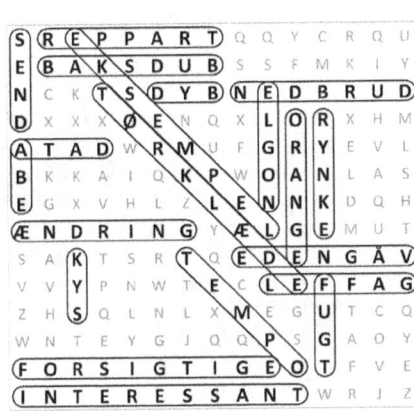

Puzzle 43

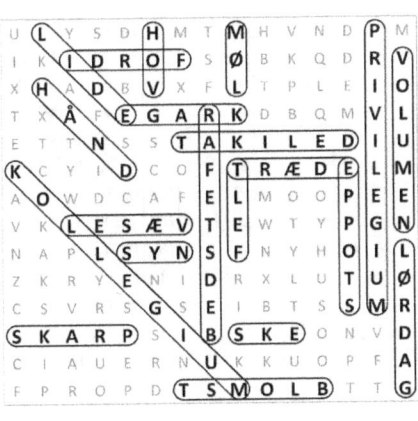

Puzzle 44

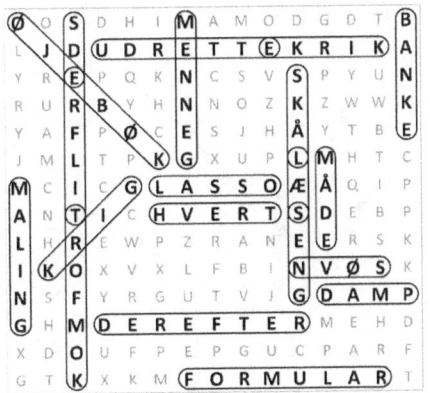

Puzzle 45

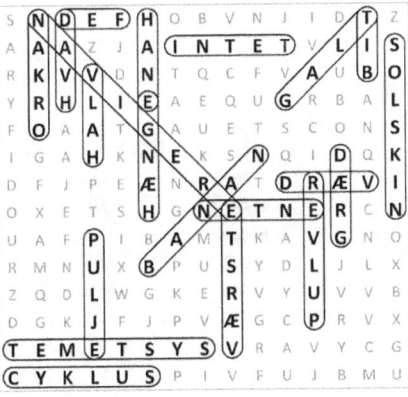

Puzzle 46

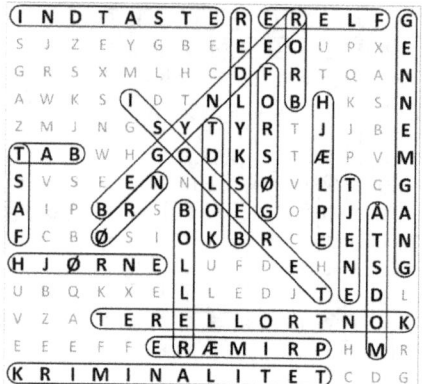

Puzzle 47

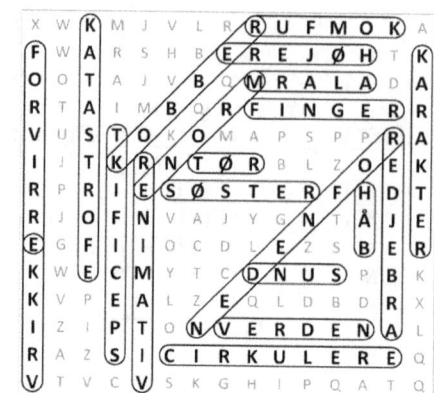

Puzzle 48

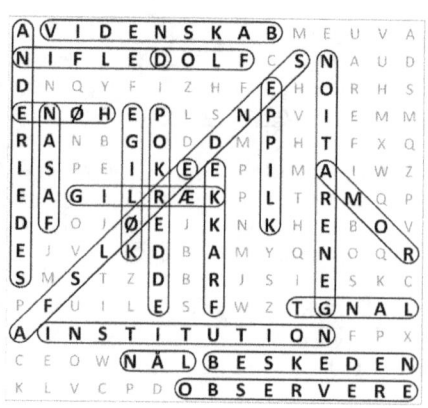

Puzzle 49

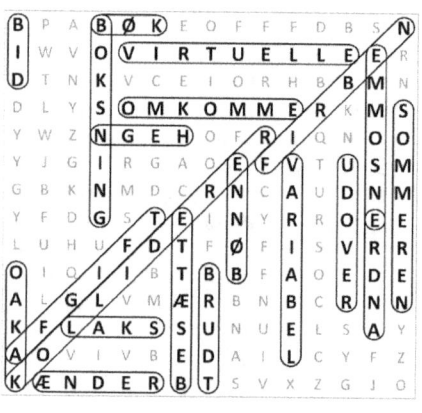

Puzzle 50

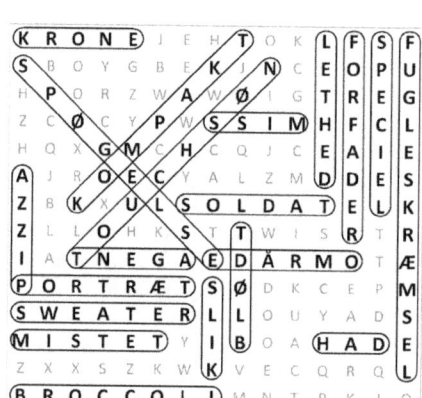

Puzzle 51

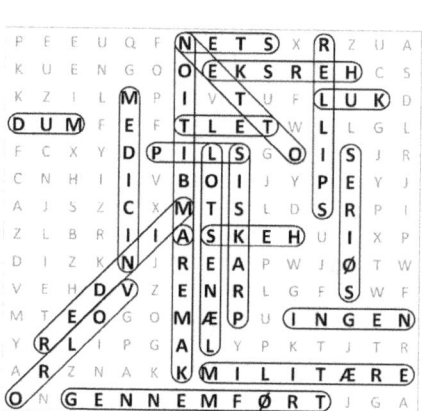

Puzzle 52

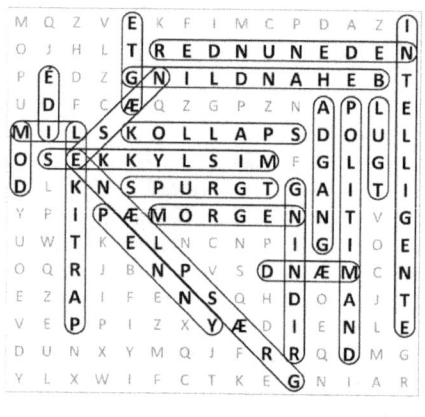

Puzzle 53

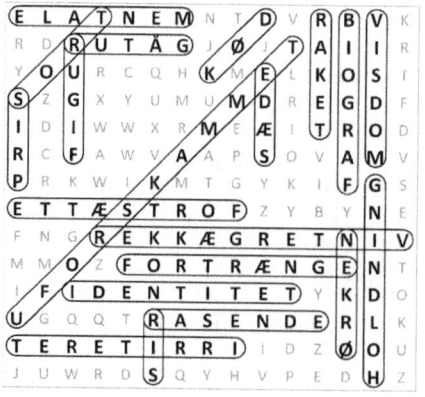

Puzzle 54

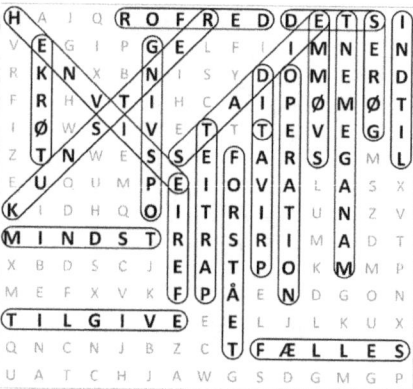

Puzzle 55

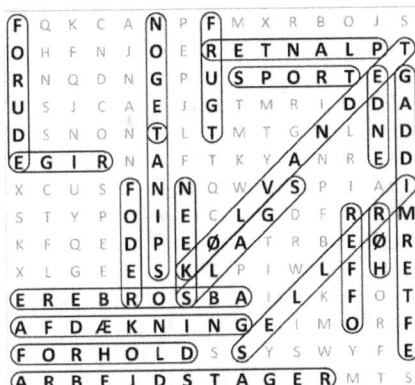

Puzzle 56

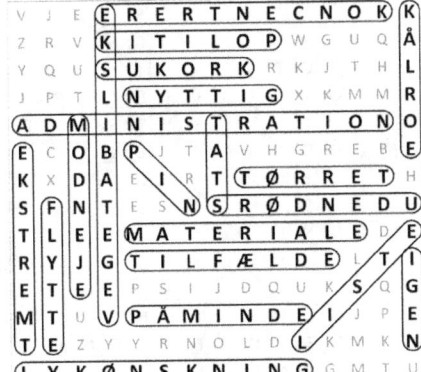

Puzzle 57

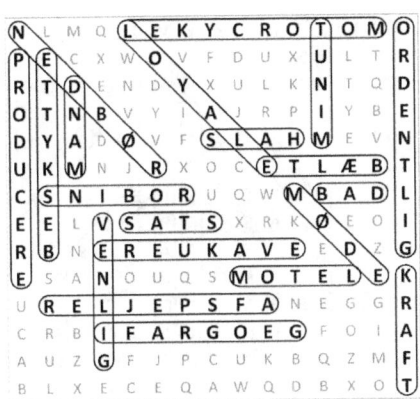

Puzzle 58

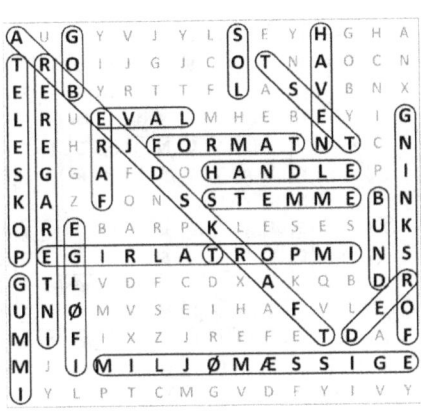

Puzzle 59

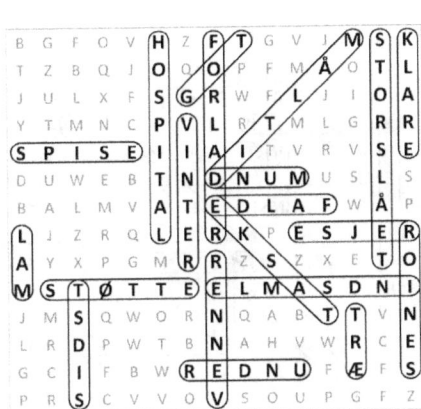

Puzzle 60

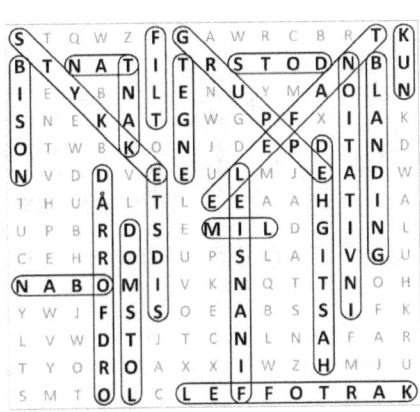

Puzzle 61

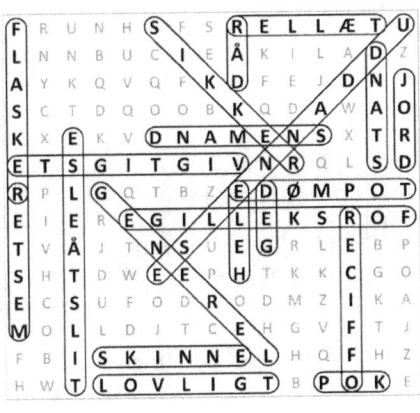

Puzzle 62

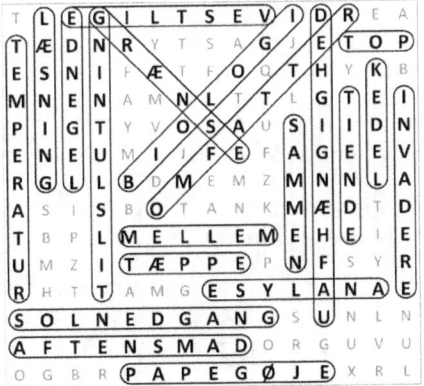

Puzzle 63

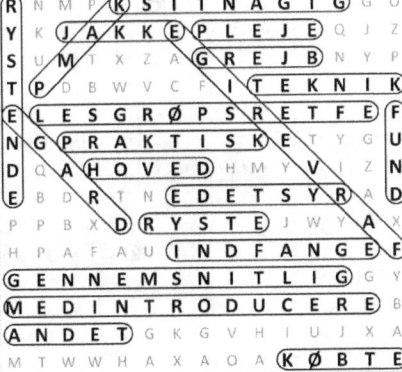

Puzzle 64

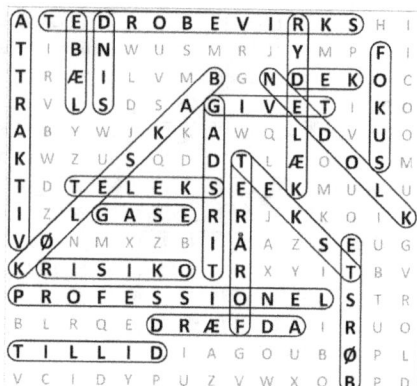

Puzzle 65

Puzzle 66

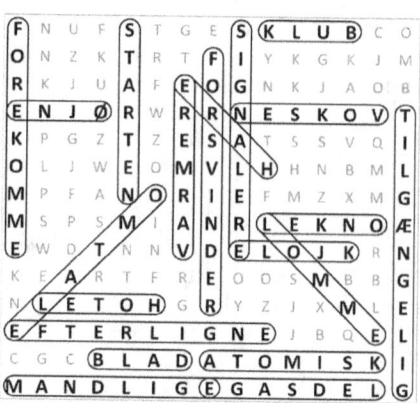

Puzzle 67

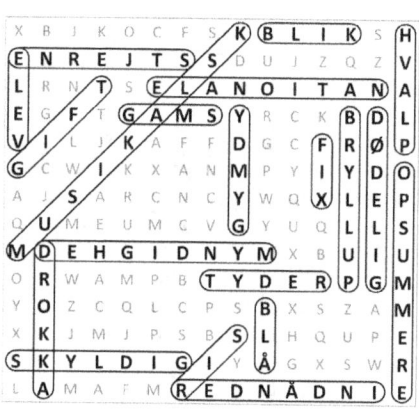

Puzzle 68

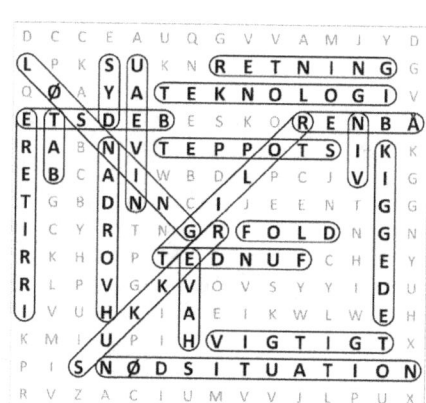

Puzzle 69

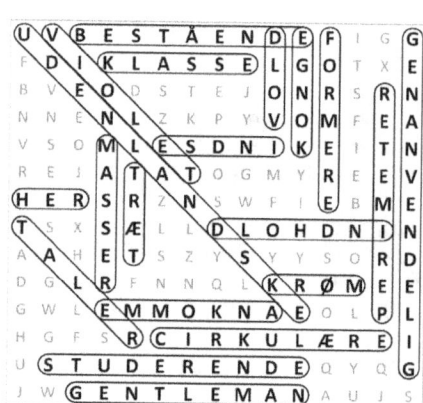

Puzzle 70

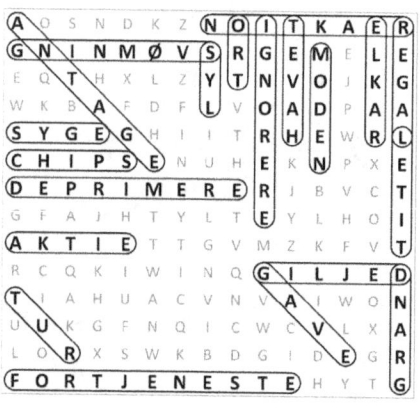

Puzzle 71

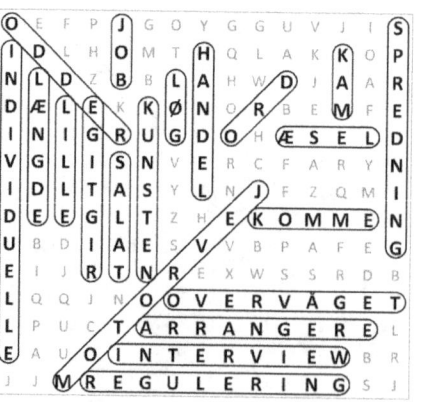

Puzzle 72

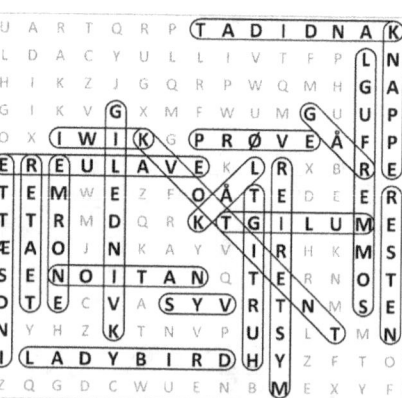

Puzzle 73

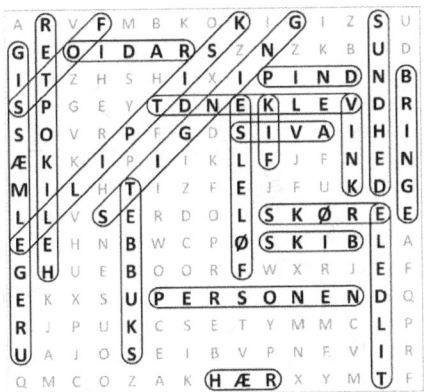

Puzzle 74

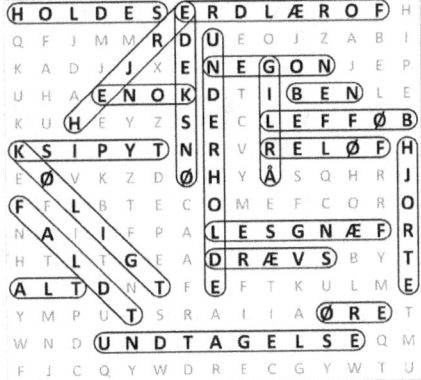

Puzzle 75

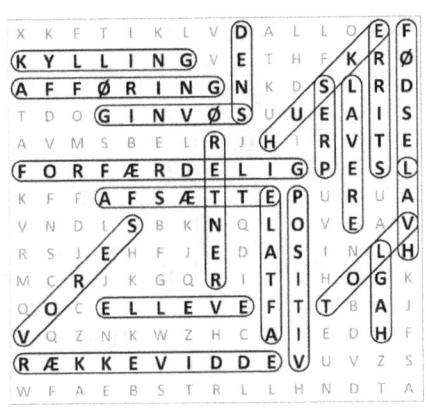

Puzzle 76

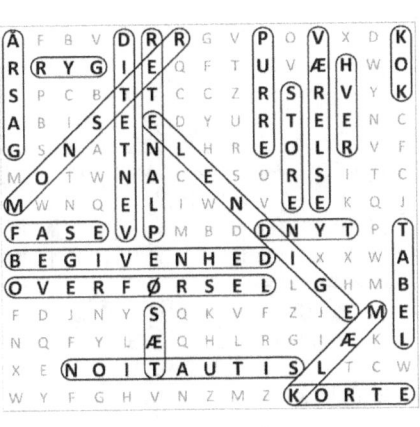

Puzzle 77

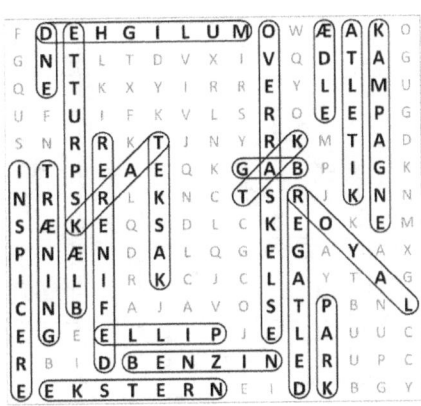

Puzzle 78

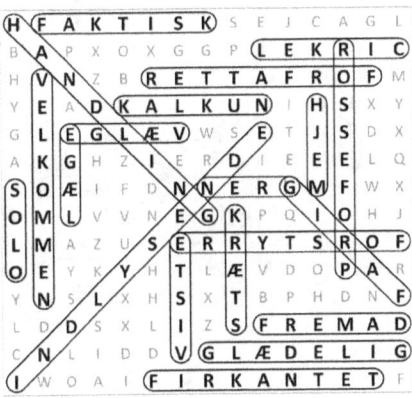

Puzzle 79

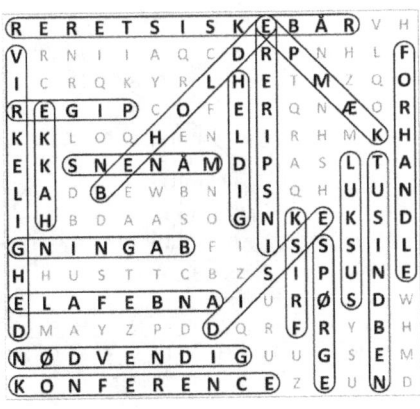

Puzzle 80

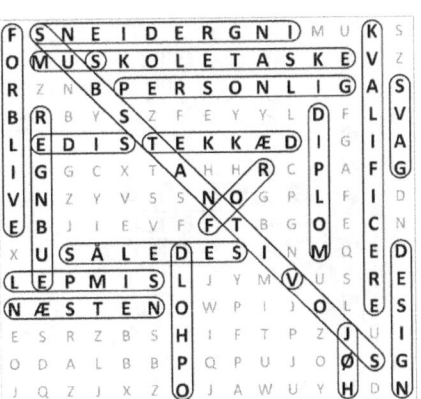

Puzzle 81

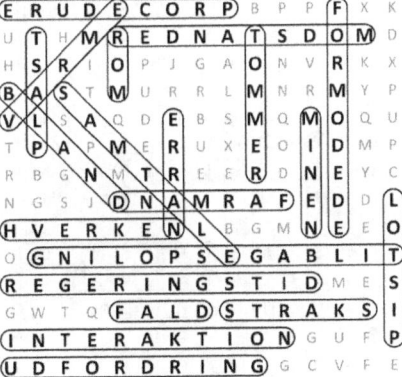

Puzzle 82

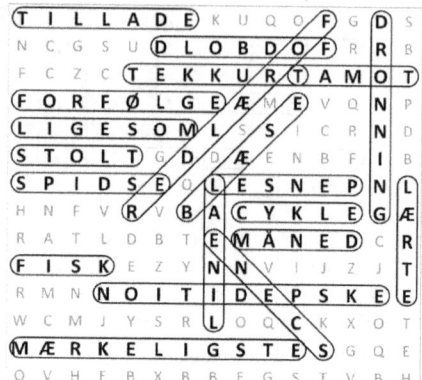

Puzzle 83

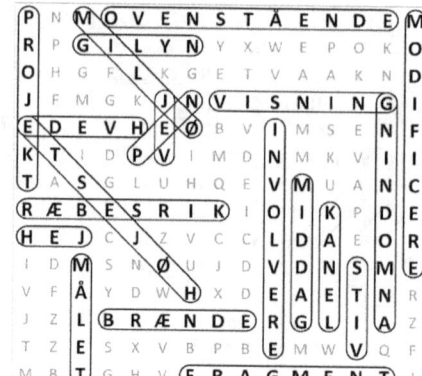

Puzzle 84

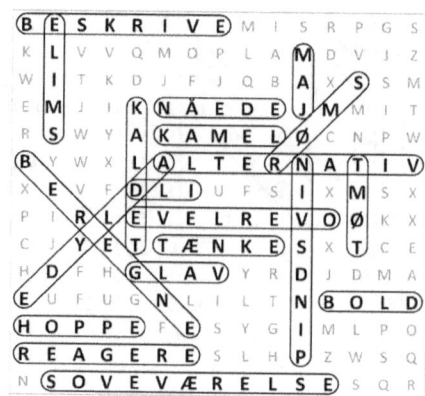

Puzzle 85

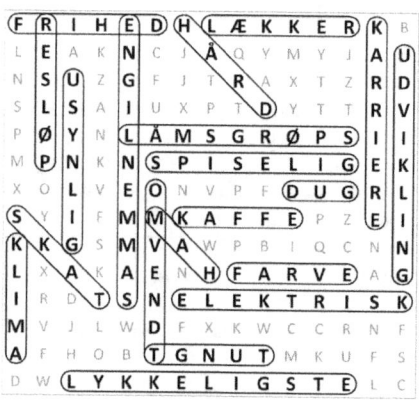

Puzzle 86

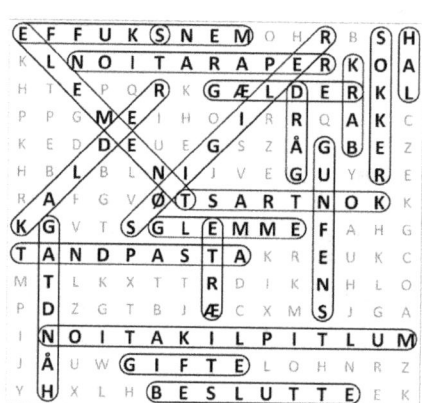

Puzzle 87

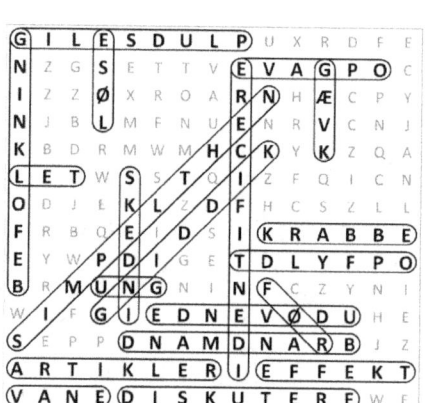

Puzzle 88

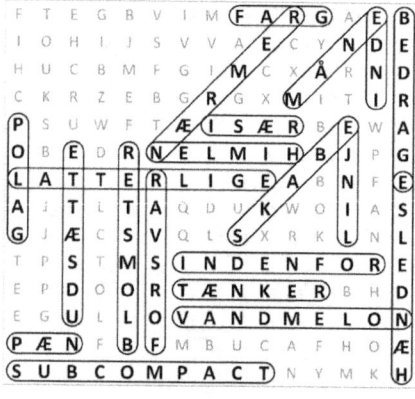

Puzzle 89

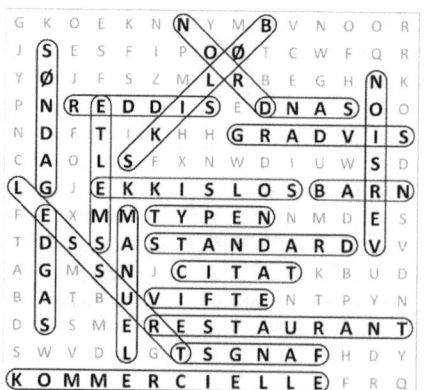

Puzzle 90

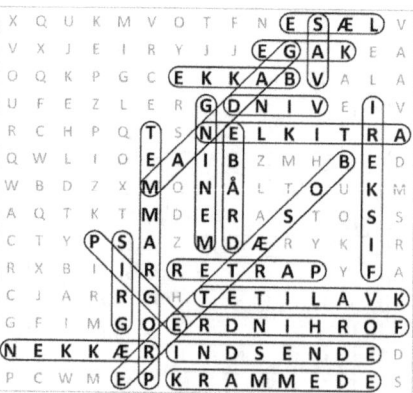

Puzzle 91
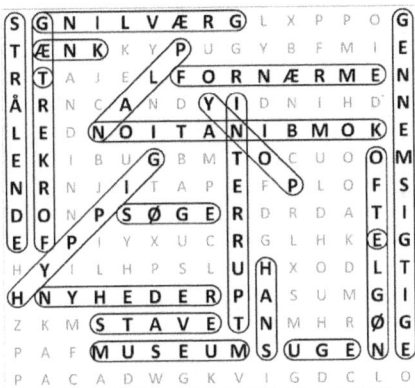

Puzzle 92
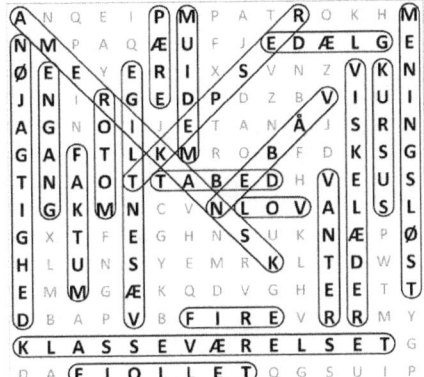

Puzzle 93
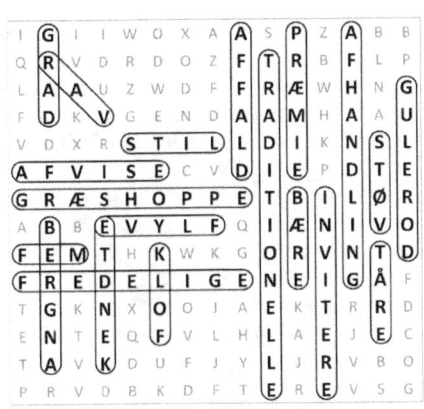

Puzzle 94
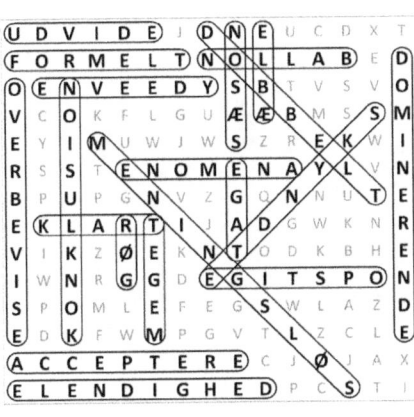

Puzzle 95
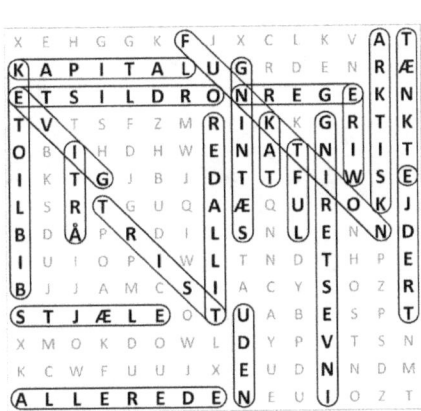

Puzzle 96
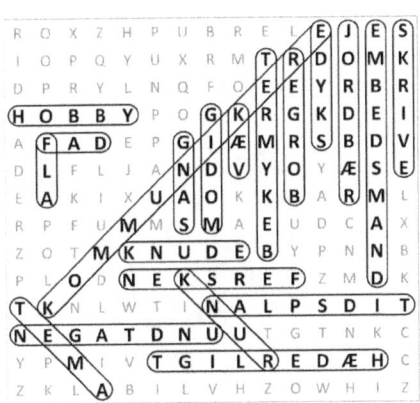

Puzzle 97
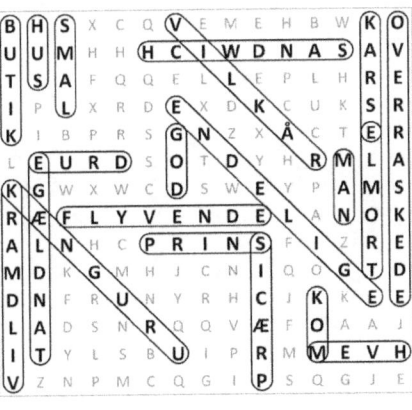

Puzzle 98
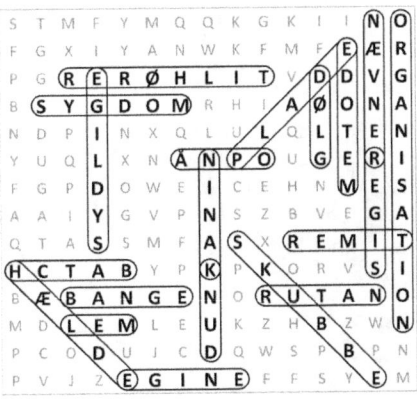

Puzzle 99
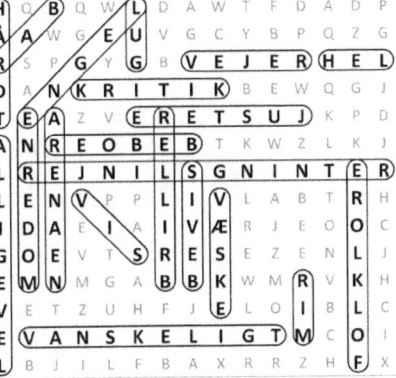

Puzzle 100

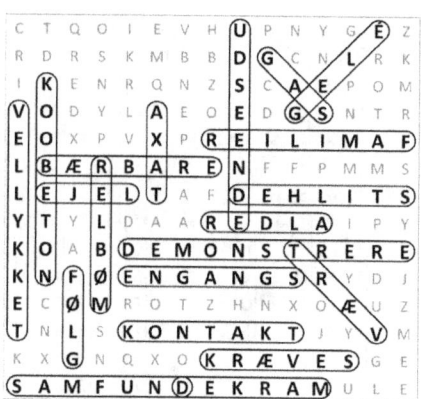

Congratulations

You made it!

We hope you enjoyed this book as much as we enjoyed making it. We do our best to make high quality games.

These puzzles are designed in a clever way to actively spark the brain and make it sharp and quick!
Did you love them?

A Simple Request

Our books exist thanks to the reviews you post on Amazon. Could you help us by leaving a review now?

Here is a short link which will take you to your Amazon orders review page.

BestBooksActivity.com/Review50

MONSTER CHALLENGE!

Challenge #1

Ready for Your Bonus Game? We use them all the time but they are not so easy to find. Here are **Synonyms**!

Note 5 words you discovered in each of the Puzzles noted below (#21, #36, #76) and try to find 2 synonyms for each word.

Note 5 Words from *Puzzle 21*

Words	Synonym 1	Synonym 2

Note 5 Words from *Puzzle 36*

Words	Synonym 1	Synonym 2

Note 5 Words from *Puzzle 76*

Words	Synonym 1	Synonym 2

Challenge #2

Now that you are warmed-up, note 5 words you discovered in each Puzzle noted below (#9, #17, #25) and try to find 2 antonyms for each word.
How many lines can you do in 20 minutes?

Note 5 Words from **Puzzle 9**

Words	Antonym 1	Antonym 2

Note 5 Words from **Puzzle 17**

Words	Antonym 1	Antonym 2

Note 5 Words from **Puzzle 25**

Words	Antonym 1	Antonym 2

Challenge #3

Wonderful, this monster challenge is nothing to you!

Ready for the last one? Choose your 10 favorite words discovered in any of the Puzzles and note them below.

1.	6.
2.	7.
3.	8.
4.	9.
5.	10.

Now, using these words and within a maximum of six sentences, your challenge is to compose a text about a person, animal or place that you love!

Tip: You can use the last blank page of this book as a draft!

Your Writing:

Explore a Unique Store
Set Up **FOR YOU!**

MEGA DEALS

BestActivityBooks.com/**TheStore**

Designed for **Entertainment**!

Light Up Your Brain With Unique **Gift Ideas**.

Access **Surprising** And **Essential Supplies!**

CHECK OUT OUR MONTHLY SELECTION NOW!

- Expertly Crafted Products -

NOTEBOOK:

SEE YOU SOON!

Delta Classics Team

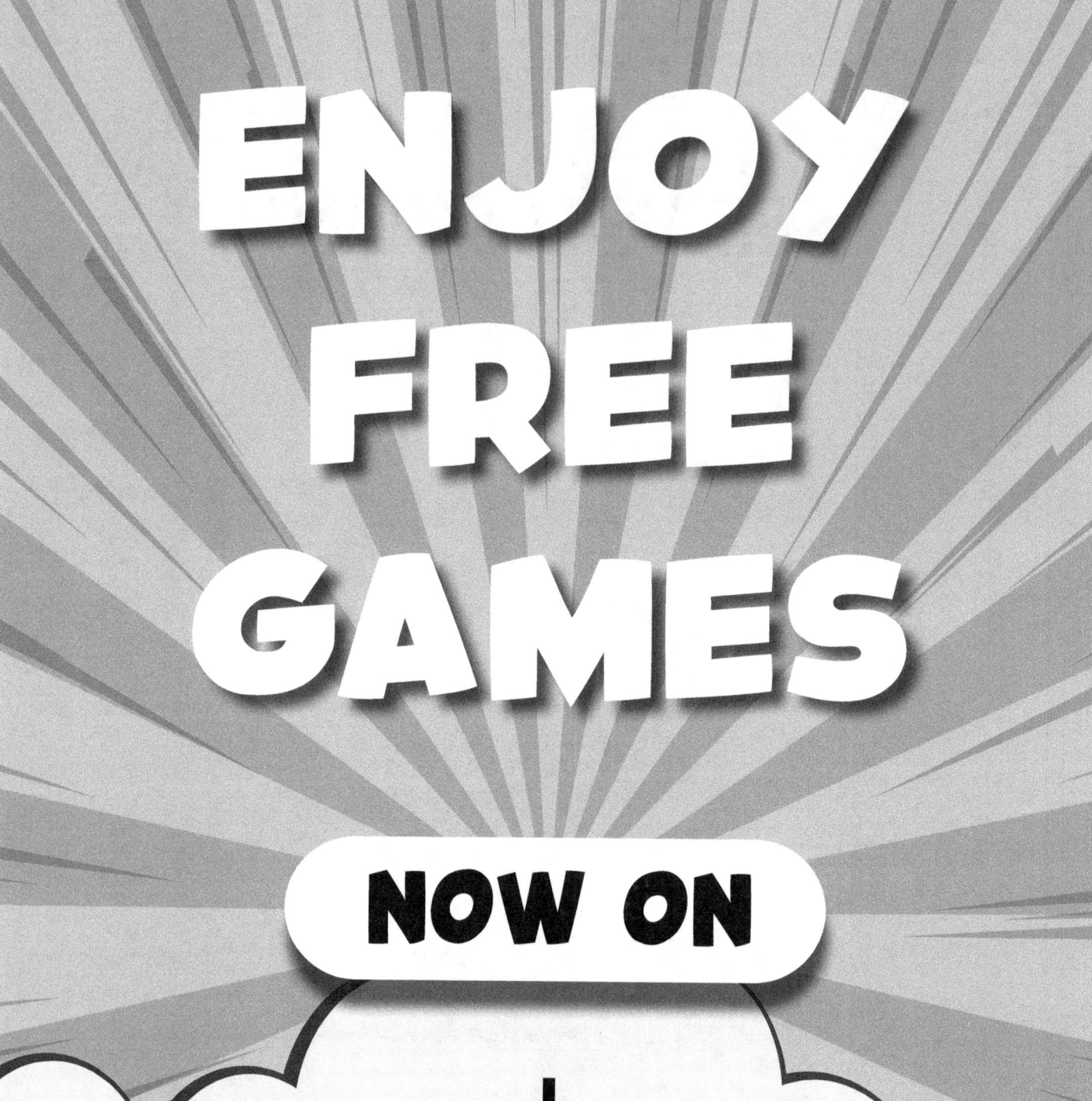

BESTACTIVITYBOOKS.COM/FREEGAMES